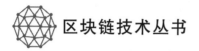 区块链技术丛书

区块链技术的应用实践

姜景锋 李 军 编著

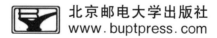 北京邮电大学出版社
www.buptpress.com

内 容 简 介

本书通过对数字货币的起源及区块链相关核心技术的介绍,使读者了解区块链技术发展的来龙去脉,并结合区块链的技术特点,论述了区块链技术在具体应用过程中需要注意的优势和劣势,以期让读者能够透过晦涩难懂的技术概念来真正了解区块链技术的本质。而目前区块链技术还不是万能的,在实际的区块链技术应用过程中,不是所有的问题都能够通过区块链技术来解决。因此,作者结合以往的项目经验,总结了若干个区块链技术的应用场景,向读者介绍如何将区块链技术应用到这些场景中,区块链在这些场景中解决了哪些问题,在场景中应用区块链技术时还需要注意哪些问题。最终目的是希望读者通过阅读本书能够对区块链技术有所了解和认知。

图书在版编目(CIP)数据

区块链技术的应用实践 / 姜景锋,李军编著. -- 北京:北京邮电大学出版社,2020.7
ISBN 978-7-5635-6014-1

Ⅰ. ①区… Ⅱ. ①姜… ②李… Ⅲ. ①电子商务—支付方式—研究 Ⅳ. ①F713.361.3

中国版本图书馆 CIP 数据核字(2020)第 046143 号

策划编辑:姚　顺　刘纳新　　责任编辑:满志文　　封面设计:柏拉图

出版发行:北京邮电大学出版社
社　　址:北京市海淀区西土城路 10 号
邮政编码:100876
发 行 部:电话:010-62282185　传真:010-62283578
E-mail:publish@bupt.edu.cn
经　　销:各地新华书店
印　　刷:北京玺诚印务有限公司
开　　本:720 mm×1 000 mm　1/16
印　　张:13.75
字　　数:200 千字
版　　次:2020 年 7 月第 1 版
印　　次:2020 年 7 月第 1 次印刷

ISBN 978-7-5635-6014-1　　　　　　　　　　　　　　　定价:45.00 元

· 如有印装质量问题,请与北京邮电大学出版社发行部联系 ·

区块链技术丛书

顾问委员会

谢钟毓　安起雷　刘　权　吴　震　朱幼平　邓　迪

学术委员会

马兆丰　胡继晔　庞　严　梁　伟　张小军　马晓莉

编委会

总 主 编	陈晓华　吴家富
副总主编	魏翼飞　吕　艳　刘建伟
编　　委	刘　彬　李　军　姜景锋　杨耀东
	周　期　高泽龙　杜　挺　相里朋
	吕　艳　王宇辉　谢　锐　张锦南
总 策 划	姚　顺
秘 书 长	刘纳新

前　言

　　了解比特币是在 2014 年，当时听说有很多人挖币，有很多人炒币。我作为一名 IT 从业人员，带着本能的好奇心开始到处搜索比特币的信息，当时觉得比特币很不靠谱，像游戏里的虚拟资产一样，因此并没有太在意。

　　大约也是从那个时候，我加入了一家从事分布式数据库研发的公司，专门负责分布式数据库产品售前及方案设计的相关工作。彼时，国内正处于大规模去"IOE"热潮，各个国内 IT 厂商都希望借此机会能够将原有国外厂商所占有的市场份额分一杯羹出来。当时，在硬件层面，国产的服务器、存储等都已经是有一定竞争力的产品，可以在硬件搭建上以价格优势与国外产品进行比拼。但是，在数据库层面，由于其与操作系统、中间件、业务系统紧密耦合，客户一般不愿意冒风险下决心更换业务系统数据库。因此，在数据库应用领域，尤其是在政府、金融、电信、电力等行业，国产数据库都很难打入市场。而在互联网行业，由于对数据库的稳定性、性能要求不高，更多的是考虑易用性和成本，互联网企业往往采用开源免费的数据库作为应用支撑。另外，当时云计算开始兴起，很多互联网企业也开始尝试在云内部署维护数据库，进而降低采购运维成本。

　　所以，在那段时间，我的主要工作就是参与各种行业客户对我们数据产品的 POC 测试，争取在测试过程中能够赢得客户的满意，获取订单。当时，我们主攻的方向是 OLAP 型数据库，也就是主要以数据分析为主要应用。这种类型的数据一般是查询操作多，删改操作少，主要数据来自生产数据库，通过如 ETL 工具获取保存数据，并对数据进行分析处理，供生产经营使用。OLAP 数据库的思想是通过大规模集群的方式将多个 PC 服务器连接到一起，实现对大规模数据的存储。另外一个重要的工作就是如何从大量的数据中，查询符合条件的数据，这牵扯如何存储数据，如何优化数据存储结构，如果网络中的数据节点宕机坏掉了如何保障系统业务正常运行并且数据不丢失等一系列问题。这当中就涉及在网络中如何保障数据的一致性、同步性等问题。而这些技术问题，其实跟区块链技术有很多相通的地方。

认识李军是在 2016 年 11 月的一个周末。那天在清华校园的一个礼堂里，中关村区块链产业联盟正在进行区块链技术应用大赛的路演及评奖。后来才了解到，那次大赛应该是国内最早一批区块链技术应用企业的展示。在午饭的间歇我跟李军进行了简单的沟通和交流，那天他上午刚完成项目路演的答辩，感觉有些疲倦，但还是向我介绍了区块链技术发展的情况以及对未来应用的畅想。当时我还自以为是地表达了对区块链技术的一些看法，但都被李军一一指正。自那时起，我开始对区块链技术产生了兴趣，并有幸于 2017 年 1 月加入布比从事区块链技术的研发和应用推广。

此时的布比已经在行业内声名赫然，应用区块链做了好几个案例，有一定的反响。但如何将区块链技术更广泛地应用，如何结合业务场景，发挥区块链技术的优势一直都是区块链应用落地的难题。区块链技术不单单是一项技术，而是已有的多个技术组合形成的解决方案。在应用的过程中，最大的难点不在于如何技术对接，而是在于如何找到客户的痛点，并结合区块链的特点解决问题。区块链不是万能的，不能解决所有的问题，甚至有些问题使用区块链技术反而更加复杂。另外，区块链项目往往是多方参与的，参与各方都有各种诉求，这就导致项目推进和落地的复杂度更大。因此在这个过程中，我也在不断了解学习各个行业的情况和痛点，学习区块链技术的优势和劣势，学习如何发挥区块链优势，规避区块链劣势。这些过程也成为编写本书的主要内容。

本书分为9个章节，第1章主要介绍区块链技术发展过程，通过对整个过程的了解，使读者能够了解区块链技术发展的脉络；第2章主要介绍区块链的核心技术，通过对这些核心技术的介绍使读者了解区块链技术的本质，以及区块链是如何实现其宣称的特性的；第3章主要介绍应用区块链技术的一些原则性问题，这些也是我们在以往项目中总结出来的经验和教训；第4章到第9章主要介绍区块链具体应用的场景，这里有我们在工作中项目经验的积累，也有我们合作伙伴的真实案例，还有一些是对未来发展方向的判断。

总之，这本书算是对以往工作内容的总结和梳理，仅供各位读者批评指正。书中引用的内容在章末标明参考的文献，有些是从互联网上查询得来，无法获取原始出处，如有遗漏可与出版社及作者联系，我们会及时更正。

最后，由于区块链行业变化很快，书中的观点仅代表作者个人的看法，希望书中的内容能给您一定的启发。

姜景锋

目 录
CONTENTS

第 1 章　区块链技术的起源与演进 ………………………………………… 1

第 2 章　区块链核心技术介绍 ……………………………………………… 33

第 3 章　如何应用区块链技术 ……………………………………………… 68

第 4 章　区块链应用场景——政务 ………………………………………… 99

第 5 章　区块链应用场景——供应链金融 ………………………………… 121

第 6 章　区块链应用场景——保险 ………………………………………… 147

第 7 章　区块链应用场景——物联网 ……………………………………… 168

第 8 章　区块链技术在征信领域的应用 …………………………………… 183

第 9 章　区块链应用发展方向——5G 的应用 …………………………… 201

第1章
区块链技术的起源与演进

1. 从比特币说起

2008年北京奥运会开幕后一个多月,世界上多家金融机构纷纷倒闭、破产。其中的原因主要包括以下几点。

2008年9月15日,美国第四大投资银行雷曼兄弟控股公司申请破产保护。

2008年9月15日晚些时候,美国银行发表声明,愿意收购美国第三大投资银行美林公司。

2008年9月16日,美国国际集团(AIG)提供850亿美元短期紧急贷款。这意味着美国政府出面接管了AIG。

2008年9月21日,在华尔街的投资银行接二连三地倒下后,美联储宣布:把仅有的最后两家投资银行,即高盛集团和摩根士丹利全部改为商业银行。这样就可以通过吸收存款来渡过难关了。

2008年10月3日,布什政府签署了总额高达7 000亿美元的金融救市方案。

美国金融危机的爆发,使美国包括通用汽车、福特汽车、克莱斯勒三大汽车公司在内的实体经济受到巨大的打击,实体产业濒临破产危机。除此之外,美国金融海啸也波及全球,影响了全世界。

这其中,雷曼兄弟公司的倒闭被认为是具有标志性的事件。雷曼兄弟公司创建于1850年,是美国排名第四的投资银行。雷曼兄弟公司因其投资了次级抵押住房贷款产品从而造成了巨大的损失,其2008年9月10日公布的财报显示,雷曼兄弟公司第二季度损失了39亿美元,是它成立158年来单季度最大的损失,其股价较2007年年初下跌了95%。

围绕着是否出手救援,美国政府内部发生了激烈的争执。美联储主席伯南克主张出手相助,他打比方说:"如果你有一位邻居喜欢在床上抽烟,一不小心引燃了自己的房子,你可能会说,我不会帮他报警,让他的房子自己烧去吧,反正不关我的事。但如果你的房子是用木头建成的,又位于他房子的隔壁,你该怎么办?再假如整个城市的房子都是用木头造的,你又该怎么办呢?"而美国财长保尔森公开表示"见死不救",他坚定地认为,"大而不倒"是一种无法接受的现象,美联储没有担保债务或是注资的权力,美国财政部也不会出手,在发生挤兑的过程中,给一个分崩离析的投资银行贷款是不会成功的。就这样,2008年9月15日上午10点,由于所有潜在投资方均拒绝介入,雷曼兄弟公司向纽约南区美国破产法院申请破产保护。[①]

由此,因次级抵押贷款机构破产、投资基金被迫关闭、股市剧烈震荡引起的金融风暴,导致全球主要金融市场出现流动性不足的危机。美国作为世界上唯一的超级大国,其次贷危机的爆发瞬间就影响了全世界的金融中心以

---

① 吴晓波《激荡十年,鱼大水大》,伯南克和保尔森都出版了自传体的回忆录,详尽回顾金融海啸爆发时的决策场景。伯南克:《行动的勇气:金融风暴及其余波回忆录》(2016),保尔森:《峭壁边缘:拯救世界金融之路》(2010)

及一些周边国家，其范围已远远不是次贷危机方面，而是蔓延到整个金融行业。为了救市，美联储开始实施宽松的货币政策，即所谓的量化宽松货币政策，以提高整个市场的流动性，而这一系列事件的结果就是，美元开始大幅贬值。正是在这样的背景环境下，一个叫"比特币"的东西应运而生，并开始发展壮大。

2008年10月31日，在一个包含密码学专家和爱好者的邮件列表里，大家收到了一个自称"Satoshi Nakamoto"，中文名"中本聪"的电子邮件。"中本聪"到目前为止，还无法确认是一个人还是一个组织，这个人的神秘色彩也给比特币带来了无限的想象空间。在这里，我们权且把"中本聪"当成一个不愿意公开个人身份的人（当然，在比特币运行的这些年里，经常有人宣称自己就是"中本聪"本人。由于早期只有"中本聪"自己挖矿，因此他持有大量的比特币，因此，想要证明自己是"中本聪"本人，只要对早期持有的比特币账户进行交易即可，但到目前为止，还没有人能以让人信服的证据证明自己是"中本聪"本人）。"中本聪"在该邮件中写道："我一直在研究一个完全点对点的，无须任何可信第三方的新型电子现金系统。"并引导读者连接到一个在两个月前注册的网站，网站里能看到一个9页的PDF文档，"Bitcoin: A Peer-to-Peer Electronic Cash System"。这篇文章随着加密货币被广泛宣传后，也被奉为"加密货币世界里的圣经"。在这篇所谓比特币白皮书里，首次提到了"Bitcoin"，也就是"比特币"。"中本聪"结合已有的几种所谓数字货币的情况，如：b-money、HashCash等，希望创建一个完全去中心化的货币系统，它不依赖于任何中央机构进行货币发行、交易结算、验证，能够通过去中心化的网络对交易的状态进行确认并达成共识。这种想法能够很好地解决分布式系统中双重支付的问题。在之前系统当中，双重支付一直都是分布式数字货币系统的弱点，从而导致不得不通过引入中央清算机构或系统来完成交易的确认和清算。

比特币白皮书（图1-1）的内容不算很长，用配图、公式甚至代码解释了这个所谓的"电子货币系统"原理。其中,很多内容还是非常晦涩难懂的,甚至有的内容在简单描述之后,就不了了之了。例如,"我们把电子货币定义为一个数字签名链,每一个所有者把币转给下一个人的时候,是通过将前一个交易的哈希值和下一个所有者的公钥进行数字签名,并把这些追加在币的后面。收款人可以通过验证数字签名来确认链的所有者。"如果不是从事计算机科学或者密码学相关专业的人看到这样的描述,肯定会是一头雾水,但在这里"中本聪"提出了一个数学方法,从而实现了点对点交易在没有第三方中介机构参与的情况下保证交易的可信。

Bitcoin: A Peer-to-Peer Electronic Cash System

Satoshi Nakamoto
satoshin@gmx.com
www.bitcoin.org

Abstract. A purely peer-to-peer version of electronic cash would allow online payments to be sent directly from one party to another without going through a financial institution. Digital signatures provide part of the solution, but the main benefits are lost if a trusted third party is still required to prevent double-spending. We propose a solution to the double-spending problem using a peer-to-peer network. The network timestamps transactions by hashing them into an ongoing chain of hash-based proof-of-work, forming a record that cannot be changed without redoing the proof-of-work. The longest chain not only serves as proof of the sequence of events witnessed, but proof that it came from the largest pool of CPU power. As long as a majority of CPU power is controlled by nodes that are not cooperating to attack the network, they'll generate the longest chain and outpace attackers. The network itself requires minimal structure. Messages are broadcast on a best effort basis, and nodes can leave and rejoin the network at will, accepting the longest proof-of-work chain as proof of what happened while they were gone.

图 1-1　比特币白皮书

在这个关于加密的讨论社区里,很多都是密码朋克运动的成员,他们是一群对高科技极度狂热的分子,早在 20 世纪 90 年代就尝试使用密码技术对国家、社会、文化进行激进的影响。其中也包括维基解密的创始人朱利安·阿桑奇(Julian Assange)。在阿桑奇通过维基解密网站公开美国政府加密文件后,美国政府对其进行封锁和制裁,后来,阿桑奇不得不宣称接受比特币的资助，这在当时也算是对比特币推广和宣传起到了非常大的作用。

在那个时候，在那样的一个松散的极客技术社区里面，很多人是不相信"中本聪"设计的这套系统能够成功的。这源于这些极客天生的自傲及玩世不恭的态度。很多人认为没有理由相信"中本聪"设计的系统能够比之前的极客开发的系统更吸引人。没有人相信这样的系统能够支撑数以百万的交易。

"中本聪"并没有受到干扰，依然继续着自己的开发，偶尔会针对一些技术问题进行讨论。他的系统里包含两个最大的创新点：一是一个被称为"blockchain"的账本数据结构，这种数据结构能够实现交易的快速验证；二是一套虚拟货币的激励机制，这种机制能够鼓励人们贡献计算资源，帮助账本的记录和存储。"中本聪"认为，这两种方法能够保证系统的安全可靠，并能够抵抗黑客的攻击。

北京时间2009-1-4 2：15：5（UTC：2009-1-3 18：15：05），"中本聪"上线自己的比特币系统，并通过自己的台式机作为第一个节点，"挖矿"产生了第一笔比特币。并在创世块留言写下"The Times 3/Jan/2009 Chancellor on brink of second bailout for banks"这句话正是泰晤士报当天的头版文章标题。当时正是英国的财政大臣达林被迫考虑第二次出手缓解银行危机的时刻。"中本聪"引用这句话，既是对该区块产生时间的说明，又是对金融危机中旧有金融体系的嘲讽。这里，"挖矿"这个名词是一种形象的比喻，因为比特币节点采用的是一种工作量证明的共识算法，当节点争夺到了记账权后，会给予一定的奖励，因此就将这种奖励机制形象地比喻成挖矿获得奖励。由于当时网络中没有其他的节点，也没有任何交易，他只能让自己的个人计算机不停地运行程序。可以说，这个时候的比特币网络是一个"中心化"的网络。而如今，比特币网络节点遍布世界各地，开采的计算难度不断加大，为了争夺记账权利甚至形成大的矿池。

按照程序的计算规则，最开始"挖矿"的奖励是每生成一个区块链产生50个比特币。在系统上线及随后的六天时间里，按照每10分钟产生一个区块的生产方式，大概有 43 000 个比特币。这在现在是一笔价值不菲的资产，而在当时，只有"中本聪"一人拥有这些，且几乎没有什么价值。因此，他需要有更多的人加入这个网络中来。

在创建了比特币网络六天之后，"中本聪"在邮件列表中告诉大家，系统已经搭建完成。并宣布一个基于 P2P 网络并可以防止"双花"（重复消费）的电子现金系统可以使用了。在邮件中，他描述这个系统是"完全分布式的，无须服务器或者中心权威的"。

一个叫哈尔·芬尼（Hal Finney）的人成为了比特币的第二个使用者。当时，芬尼已经 53 岁了，是密码朋克运动的早期成员，他本人就有多种加密创新，包括匿名邮件转发器，可以在不透露发件人地址的情况下发送电子邮件。早在 2004 年，芬尼就已经发布过自己的电子货币系统，跟比特币一样，他的电子货币系统也采用的是"工作量证明"的方式。"工作量证明"机制是在 1997 年由英国密码学专家亚当·贝克（Adam Back）提出的，用来验证和量化整个加入网络节点所需要的计算处理能力。

在这样的背景下，芬尼对"中本聪"的系统很感兴趣，他们通过电子邮件相互交流、合作、分享。按照"中本聪"的指导，芬尼下载了比特币软件，创建了一个比特币钱包，并开始开采比特币。这样，他成为了第二个比特币网络节点。作为测试，"中本聪"转移了 10 枚比特币到芬尼的新钱包，芬尼成为了从别人那里收到比特币的第一人。

两人在早期的电子邮件交流中，没有任何个人信息的交互，没有透露任何的关于"中本聪"真实身份的细节。他们不断地进行系统测试、寻找 bug、更新代码、版本迭代。芬尼用他的计算机持续运行了一个星期左右开采比特币，最后得到了大约 1 000 个比特币。不知道具体什么原因他停掉了计算机，并再也没有开启过挖矿。10 个月后，芬尼被诊断出患有 ALS，肌萎缩性侧索硬化症。日常生活完全需要妻子和儿子帮助。2014 年 8 月，芬尼去世。此时，芬尼所拥有的比特币已经具有很高的价值，按照他的遗愿，妻子将他所拥有的比特币资助了在亚利桑那州的一个工厂对其身体进行低温冷冻，并希望未来有一天能让他"起死回生"。

在 2009 年 2 月 11 日张贴在开发者论坛的帖子中，"中本聪"写道："传统货币问题的根源在于其运行所要求的信用。央行必须被信任不会让货币贬值，但法定货币违背其信用的事在历史上比比皆是。银行必须在保存和以电子方式传送我们的钱方面被信任，但他们在信贷泡沫中将钱借出，而准备金仅占很小一部分。"在另一篇文章中，他又说道："逃离央行管理货币的任意通货膨胀风险！"从这些只言片语中，我们能够发现，"中本聪"是一个对传统金融行业颇有怨言的人，他的比特币项目也是其对现有金融现象和环境的一种反抗。虽然我们没有证据证明 2008 年的金融危机到底对"中本聪"有多少影响，但从其发布比特币网络的时间点以及种种言论都能看出其设计比特币的初衷是一种变革，至于比特币的价值，在当时并没有那么重要。在比特币之前，从来没有一个加密货币系统或者是模型能够摆脱集中式的架构，没有了中央权威，如何让网络中的每个人彼此之间能够相互信任，相互合作呢？

"中本聪"通过两种方法解决这个问题。一种方法是他突破性地提出"区块链"总账数据结构。交易被安排为按时间顺序排列的数据块，赋予矿工们通过比较它们账户余额的历史总账以验证其内容的能力。一旦满足验证要求，通过创建下一个区块并将其链接到已经被验证的前块，以此承认这些数据被批准。验证和链接区块，然后接受每个新的区块作为在其事实上的共识。这能够有效地让任何人"重复消费"一枚比特币变得不可能。换言之，数字伪造的可能性被排除。在"中本聪"发表的比特币白皮书，以及在比特币刚开始运行的时候，应该没有人相信这套系统能够实现其既定的目标，但在其运行的这些年中，比特币经历了无数次的攻击，甚至各种软硬分叉，但它依然能够实现加密货币的基本属性要求，并且不经过第三方验证处理，应该说这是个奇迹。

另一种方法是其设计的采矿奖励模式，即得到了联网计算机的计算和存储能力来维护比特币网络的总账。从而奠定了整个信任网络的基础。除此之外，还需要体现比特币的稀缺感，为比特币赋予内在的升值感觉。"中本聪"用比特币未来发行的时间表来解决这个问题。在第一个四年里，程序设置在每 10 分钟发行产生固定的 50 个比特币。在 2012 年年底降至 25 个，以此类推，大约每四年生成的比特币逐步减半。大约到 2140 年，所有的 2100 万个比特币将全部挖完。这种预先的减半设计使比特币具有了稀缺感，从而支持比特币价值，并激励矿工为其提供算力。他知道光靠减半的激励只是一个美好的愿景，不足以激励矿工为其持续提供算力，于是他设计了适度的交易费用，以弥补矿工提供的计算存储资源。随着时间的推移，矿工挖出的比特币越来越少，而交易费用将成为其主要的回报。

总之，通过这样的看起来简单而又优雅的设计，精巧地解决了一个分布式点对点的电子货币系统，并且是一个真正意义上的没有第三方参与，完全靠算法实现的信任传递网络。

在芬尼退出由他和"中本聪"在两个人形成的比特币网络后，比特币并没有受到太大的影响，因为其他极客很快就加入了这个系统的开发测试中。在整个 2009 年，这一系统吸引了愿意下载的新用户，并构成新的节点，用来管理网络和开采比特币。每当有新的节点加入，就增加了整个网络的计算能力，也增加了耗电量，也就意味着"挖矿难度"的增加。人们在通过挖矿获取比特币变得越来越难，在 2009 年 10 月，社区的一些人认为有必要提供以美元为基础的汇率，来计算比特币价格，其计算标准是基于开采的电力成本，当时的价格是 1 比特币值 0.08 美分。有些人认为对于这种毫无价值的虚拟货币来说，价格太贵了。但也有一些极客愿意为此花钱购买比特币，并相互买卖转让，像游戏一样乐此不疲。这一切都是社区自发的，看起来非常自治。

在 2010 年 12 月，比特币社区就有人呼吁维基解密接受比特币形式的捐赠。但"中本聪"却急了，过去，他发声或为了学术讨论，或自证"你们找的这个人不是我"，但那天，他却措辞强烈地回应道：

"不！别把它放在维基解密上！这个项目需要渐渐地成长，这样软件才能一路上保持强劲。我在此呼吁维基解密不要使用比特币！比特币还只是一个处于婴儿时期的小规模社区实验，你们带来的热度可能会在这个阶段毁了我们！"

"中本聪"的最后一次现身是在2010年12月12日，这是比特币历史上最重要的一天，当时甚至很少有人听说过比特币。这一天并未让当时的社区感到震惊，但其将成为自创世区块以来最关键的日子。就在这一天，"中本聪"在Bitcointalk上发表了最后一篇帖子，然后默默地离开了，从此再未出现在公开场合。就在一天之前，他还就维基解密（Wikileaks）通过比特币躲避Visa封杀的消息发表了以上的意见，他很反对这种做法："比特币如果能在其他情况下得到这样的关注，那就太好了。维基解密已经捅了马蜂窝，蜂群正在朝我们扑来。"不知道当时"中本聪"是感受到了自身安全的威胁了，还是对比特币的未来产生了担忧，亦或是其他的想法，总之，在那之后他就从公众视野当中消失了。他将开发代码和建设网站的任务交给一个活跃的志愿者小组。也就是从那以后，比特币真正地实现了一种完全的去中心化的网络，在没有创建者的意见和思想建议下，一直通过社区的力量开发前进，直到今天。在这期间，比特币不依赖于任何某个人的意志，只依赖于完全透明的数学法则。

2011年6月，维基解密终于还是在推特上宣布，愿意接受以比特币形式提供的匿名捐赠。原因是，这位世界上最大的"黑客"网站泄密了美国的重要保密函电，甚至包括时任美国国务卿的希拉里·克林顿的邮件，美国政府封杀了网站，并迫使VISA和万事达卡等支付公司对维基解密关闭支付通道。由于维基解密一半的资金来源依靠网络捐赠，美国政府这一举措一下就减少了网站90%的资金来源。他们实在没有其他捐助渠道，不得不求助于比特币。维基解密当时收到的比特币捐赠价值大约5 000美元，也不算特别大的款项。

但六年后比特币暴涨，获益500倍，创始人阿桑奇后来还发推特感谢了美国政府。

随着比特币的币值从几美分涨到了几百美元，大批的传媒行业加入了报道队伍，杂志、网站连发各种关于比特币的报道。

在此情形下，越来越多的人利用它协助违法犯罪，而投资市场上，炒家入局，比特币的价格涨跌起伏更极端，"套现""割韭菜"每天都在发生。

比特币终究还是迎来了各国政府的"关注"。

2018年，关于"目前各国对于加密货币的态度与看法如何"，彭博社做过一项调查。

其中，在"是否立法""是否支持加密货币支付""是否支持加密货币ICO活动""加密货币交易所监管"等方面，各国政策不一，争议极大。

不过，除了政府的态度，人们依旧在寻找"中本聪"，因为没有人比这位比特币之父更能指出比特币未来的走向。尽管他早年也说过那么一句废话："未来二十年内，比特币要么交易量惊人，要么交易量为零。"

事实上，通过查找关于"中本聪"的一切信息可以发现，目前我们对他的了解还知之甚少。他没有透露过任何个人信息，有时会在帖子里掺杂英式拼写，这也导致有人认为他是来自英美国家。但从名字看，是一个日本姓氏，由此不得不让人猜测"中本聪"并不是一个人，而可能是一个团队。更重要的是，"中本聪"本人被认为拥有约百万枚比特币，因此，追查"中本聪"到底是谁将一直成为人们渴望的话题。自从"中本聪"在2010年消失之后，已经有几十个候选人被认为是现实中的"中本聪"，然而这些人都不约而同地否认了自己就是"中本聪"。

如今十年已去，下一个十年，我们还将继续等待答案。

从 2009 年到 2018 年，大概有如下几位被人们认为最有可能是"中本聪"。

作为世界上第一个接收比特币的人，以及著名的密码活跃人士、计算机科学家，Hal Finney（哈尔·芬尼）总是出现在人们的视野中。

芬尼在 PGP 加密方面的背景，以及他在修复早期比特币漏洞和改进代码方面发挥的重要作用，使他成为了比特币创造者的候选人。此外，他的住所距一位真名叫"中本聪"的人的家也只隔了几个街区，这些"巧合"让人们不得不浮想联翩。

然而，芬尼从未声称自己就是"中本聪"。

芬尼在一篇比特币论坛的帖子中曾表示，虽然"中本聪"的真实身份仍然是个谜，但他能从与"中本聪"有限接触中推断出"他是在和一个非常聪明、真诚的日裔年轻人打交道。"

不幸的是，芬尼于 2009 年 8 月被诊断出患有肌萎缩侧索硬化（ALS），并于 2014 年 8 月 28 日去世。

在比特币发展初期，许多人认为美国计算机科学家、密码学家 Nick Szabo（图 1-2）是比特币的匿名创造者。支持这一说法的证据之一是 Szabo 最早的一篇题为"Bit Gold"的论文与今天的比特币有着惊人的相似之处。

2014 年，互联网研究人员利用反向文本分析技术，分析了"中本聪"比特币的白皮书。他们统计了白皮书中某些小词出现的频率，分析了文中的标点模式，发现比特币白皮书中一些短语的表达方式与 Nick Szabo（尼克·绍博）的写作风格非常相似，指出这篇论文的笔触符合 Nick Szabo 的风格。不过自那以后，Nick Szabo 一再否认自己就是"中本聪"，这件事儿也就不了了之了。

图 1-2　美国密码货币领域博学大师尼克·绍博（Nick Szabo）

2014 年 3 月，美国《新闻周刊》的记者 Leah McGrath Goodman 发表的文章首次将 Dorian Prentice Satoshi Nakamoto（图 1-3）抛到公众面前。表示自己找到了"中本聪"本人——多利安·中本，1949 年出生，毕业于加州州立理工大学，获得物理学学士学位，曾供职美国军方。他是迄今为止身份最像"中本聪"的人。

图 1-3　Dorian Prentice Satoshi Nakamoto

（来源：《英国电讯报》）

不难想象，Dorian Prentice Satoshi Nakamoto 可能是币圈最知名的面孔之一。Goodman 的文章称，Dorian 是比特币的真正创造者，这一说法的最直接证据就是当 Dorian 被问及他参与比特币项目的情况时，Dorian 的回答：

"我不再参与其中,我不能再讨论它了。它已经被移交给了其他人。他们现在负责这件事。我不再和它有任何联系了。"

Dorian 的这番话极具轰动性,随后众多媒体把他家挤得水泄不通,甚至还有周围邻居追逐他开的汽车。

然而,Dorian 在随后的采访中否认他参与了比特币项目的开发。他澄清说,他一开始误解了 Goodman 提出的问题,并说之前的答复与他曾作为一名军事承包商所从事的机密工作有关。

Dorian 还表示,在 2014 年 2 月《新闻周刊》联系到他的儿子之前,他从未听说过比特币。

澳大利亚计算机科学家、企业家 Craig Wright(图 1-4)可能是最具争议的"中本聪"的候选人了,因为他是文章中提到的几位候选人中唯一一个主动表示自己就是"中本聪"的人。

图 1-4　澳大利亚企业家克雷格·赖特(Craig Wright)

2016 年,澳大利亚人克雷格·赖特出面表示他就是"中本聪",且能提供"中本聪"的私钥。但随后赖特因为无法面对大家的质疑而撤回自己的声明,并且他提供的所谓证据也都站不住脚,于是大家都戏称他为"澳洲中本聪"。

与前面介绍的几位候选人情况不同的是,Craig Wright 的名字突然出现在加密货币社区是在 2015 年 12 月,当时 Gizmodo(美国的一个知名科技博客）获得了一份文件，该文件显示了这位澳大利亚商人和比特币项目之间的联系。在这之后的 2016 年 5 月，Craig Wright 公开宣布他就是比特币的创造者。

这一声明在澳大利亚警方突袭了 Craig Wright 的公寓后迅速得到了媒体的关注。然而警方后来表示这次突袭与加密货币的关联不大。

有趣的是，Craig Wright 的妻子还提到过，她记得 Craig Wright 在"很久之前"就开始研究比特币了。

此外，Craig Wright 于 2016 年 5 月在接受 BBC 采访时自称是"中本聪"。为了让大家相信他的言论，他甚至同意与全世界分享"确凿的证据"。

然而，媒体对他的声明持怀疑态度，同时一位受人尊敬的安全研究员表示 Craig Wright 的声明就是一场"骗局"，Craig Wright 只不过是"中本聪"的模仿者。

同时，Craig Wright 也没有兑现他之前所承诺的"确凿证据"，他表示他已经"没有勇气"继续证明自己的真实身份了。

虽然寻找谁是真正的"中本聪"已经成为全世界极客、密码爱好者、比特币玩家们所热衷的事情，但"中本聪"对比特币的影响已经形成深深的烙印，无法磨灭。

去中心化的理念贯穿于比特币网络，而在社区中树立一个中心化的"比特币之父"形象，会破坏加密货币的这份初衷。"中本聪"希望创建一个"公开""透明""去信任"的网络社会，每个参与者在这个社会中都是平等的。

还有一个问题则是，加密货币的参与者们不太可能轻易相信任何一个自称是"中本聪"的人。任何一个人想要证明自己是"中本聪"，都将受到严格的分析和审核。这种调查和审核还可能会牵扯到利益的冲突，从而影响技术的演进方向以及比特币投资的建议。

尽管比特币社区有过内部争执，但比特币持续更新的速度还是令人惊讶。这项技术在没有任何人领导的情况下依然运行良好，也许这就是"中本聪"真正想要达成的目标。

在没有"中本聪"的日子里，比特币的发展并没有停滞不前，比特币的开发在社区的力量下，稳步快速向前。比特币社区的发展与开源 Linux 操作系统的社区属性几乎一样。通过开源社区交流和传播，吸引了更多的极客加入这里贡献力量。在这里，你无须付费，便可以下载比特币代码进行编译、安装，成为一个节点，开始挖矿。任何人在这里投入的时间、算力都成为比特币系统的一部分，使得整个比特币不再简单的是一种加密货币，而成为一种生态系统。人们在这里自发地进行分工和协作，每个人都能够根据自身的特点找到自己的用武之地。他们通过比特币进行价值确认和交换，这看起来像是在游戏里发生的事情，在现实中却活生生地展现在人们面前。

2010 年 5 月 21 日，一名叫拉兹洛·哈涅克斯（Laszlo Hanyecz）的程序员在棒约翰买了两张奶酪披萨，并通过比特币进行了支付，这就是多年后被人津津乐道的"比特币披萨事件"，后来人们还将这天被定义为比特币披萨节。当然，在人们讲解这个段子的时候，很少有人会关注，哈涅克斯是最早发现用 GPU 开采比特币是更加容易的方式。他发现用显卡开采法会提高效率 800 倍，从而在那个时间点上，他在整个比特币网络中是具有支配权的，在别人没有用同样的方法开采比特币的时候，他大概能够占有一半的开采量。5 月 18 日，他在比特币论坛写到："我将要付一万比特币买一些披萨，可能是两人份，这样就可以留一些第二天吃。"除了极客圈里的极小范围外，从来没有人在现实生活中使用过比特币。当时，披萨店里也没有接受比特币支付的服务，哈涅克斯需要借助于一个中间人帮助他，根据当时比特币的"市场价格"是 10 000 枚比特币大约相当于 41 美元，这些钱可以买到两个披萨并支付中间人的服务消费。三天后，一个在论坛上名为 jercos 英国的比特币用户，在网上向杰克逊维尔市的棒约翰订购了两个披萨，并在网上用信用卡支付。哈涅克斯从自己的比特币钱包向 jercos 转账了比特币。没过多久，外卖小哥将披萨饼送到了哈涅克斯所在的住址，并带有疑惑地说："来自伦敦的新鲜披萨。"这是比特币成为真正钱的第一步，从此，比特币开始逐渐引人注目。

后来，媒体有幸同时请到了哈涅克斯和 jercos（本名：杰里米·斯图迪温）进行采访，他们共同讨论了对比特币的看法，也谈到了那笔交易，甚至他们还交流了自己最喜欢的披萨。杰里米·斯图迪温把从哈涅克斯那里换来的一万个比特币变成了价值几百美元的旅行套餐。当我们回顾这段有趣的事件时候，我们发现，当我们羡慕别人的时候，其实在那个事件节点上每个人其实都是一样的平凡和普通。当然，对于 jercos 来说，他还是受益者，因为通过比特币，他只用价值41美元的两块披萨就换到了价值几百美元的旅行套餐。但是，他也错过了走向另外一种人生的机会。事实上，杰里米错过的不仅如此，据他自己透露，在比特币早期的阶段，由于挖矿和一些交易，他最多的时候曾拥有近四万枚比特币。

"做一份独立的工作可以帮我赚到一些钱，然后某些时候我会用比特币、莱特币，甚至是狗狗币进行支付交易。尽管在我生活的地方还没有开始接受使用比特币进行支付交易，但是很多在线服务，亚马逊以及一些视频游戏零售商都已经可以接受比特币支付。"杰里米补充说道。

作为最早使用比特币进行实物交易的人，直到现在，杰里米的日常生活中依然可以看到比特币和其他加密数字货币的影子。但是，它们对于杰里米来说，也仅仅只是生活的一部分。

杰里米说："我从来没有想过将比特币视为一种投资，这并不难理解。我原本可以成为一个百万富翁，但是我认为最重要的是心态。就像是比特币披萨交易时那样，我只是作为一种货币的形式来使用它，并没有将它当作是一笔投资。但是如果我想囤积比特币，我可能无法在合适的时间到达一个正确的地方。"

2018 年 2 月 25 日,哈涅克斯在 Lightning-dev 的邮件发送清单上发帖称,因为"披萨/比特币的原子交换软件"目前还无法使用,他通过"闪电网络"来进行支付,从而让他在伦敦的朋友与当地的披萨店签订合同后进行披萨的快送。这一次,哈涅克斯支付了约 0.00649 枚比特币,这两块披萨的价格约为 62 美元。

为了获得披萨,哈涅克斯决定以最好的方式来证明他已经支付过,他给司机出示了闪电支付哈希值十六进制字符串的前四个和后四个字符,如果它与司机所拥有的字符相吻合的话,他就能得到这两块披萨。

哈涅克斯认为,只有当闪电交易成功完成时,才会收到披萨,如果他不能给司机展示哈希值,那么"比萨就不会被配送给我,而这一交易就会被销毁。"

这次试验取得了成功,哈涅克斯得到了他的披萨,但他补充说:"分享这张图片可能不是一个好的做法。"

哈涅克斯在他的帖子里附上了他和他两个孩子的照片,其中一个孩子穿着写有"我爱披萨"的 T 恤,另一个 T 恤上则写着"我爱比特币"。

在"披萨事件"以及 GPU 开采挖矿被大家广为知晓后,有越来越多的人开始使用更快、更多的显卡来开采比特币,甚至有人制作出专门开采比特币的矿机进行售卖。由于比特币的算法在一个挖矿周期内只产生固定数量的比特币,因此挖矿竞争变得更加激烈,成本越来越高。它不再是极客之间的游戏,而是演变成了一个产业。当单个矿机的算力都很难挖出比特币的时候,有人开始组装矿机集群甚至组织形成"矿池"。在"矿池"里,参与者贡献算力,由矿池软件根据算力贡献的大小将整个"矿池"收获的奖励分配给不同的矿机持有者。其实,这已经与"中本聪"原有的设计初衷有所背离,当一个秉持"去中心化""完全平等"的网络出现了"寡头",这个网络系统是否还能够做到公正、公平、公开、透明,受到广泛的质疑。而此时,在开发者社区和"矿池"之间的争论也越来越多,一方是秉持"理想化"的信念并为之实践的构造者;另一方是整个网络系统的算力贡献者和利益相关者,他们之间逐渐产生分歧,有时甚至会背道而驰。由此,比特币的开发进度越来越缓慢,新特性及升级与否都要看各大矿池的"脸色"。甚至矿池主们会联合起来,根据自己的意愿开发新的特性而不顾社区的意见。慢慢地,有人开始离开了社区,组建新的加密货币社区,根据自己的想法和意愿调整比特币的算法和参数,推出了形形色色的"山寨币"。

2. 以太坊的崛起

2011年,一个17岁的高中生,在父亲的影响下开始了解并学习比特币知识,和其他极客程序员一样,这个少年也被比特币吸引着,他的名字叫维塔利克·布特林(Vitalik Buterin),中国人都称他为 V 神(图1-5)。之所以"封神",是因为在这个年轻人身上发生的事情可以用奇迹来形容。不过翻看他成长的经历,也不禁让人感叹他是个天才。

1994年1月31日,维塔利克出生在俄罗斯莫斯科州的科隆纳(Kolomna),5岁时随父亲移民加拿大。他的父亲,德米特里·布特林(Dmitry Buterin)是一名计算机科学家,从小就培养他学习计算机编程。在加拿大上小学三年级的时候,他计算三位数加法的速度就是其他同龄人的两倍,他甚至花了几个月的时间学习并能够流利地说汉语。2016年,他曾来到中国调查,并数次在聊天室中与中国网友互动。每次交流,他都操着一口流利的汉语。后来他说:"从2013年开始我就在观察中国市场,我很看好数字货币在这里的发展前途。另外,我爸说中文很难,他曾经自学但是失败了。我想向他证明一下我的能力。"

2010年之前,维塔利克并没有关注比特币,而是一直沉迷于《魔兽世界》,从2007年到2010年,他从"经典旧世"一直玩到"巫妖王之怒"。2010年,暴雪公司在3.10补丁中移除了术士的技能"生命虹吸",这让维塔利克颇为愤怒。他曾在暴雪公司官方论坛提出抗议，但官方的答复是为了游戏平衡才这么做的，不能恢复。他意识到了网络游戏"中心化管理"的弊端——游戏的拥有者是暴雪公司，他们可以不问玩家的意见，随意修改游戏内容。于是他决定放弃这款游戏，删除了《魔兽世界》的客户端，尽管他已经在他的术士身上花费了 3 年的心血。之后，他从父亲那里知道了比特币，他了解到比特币是一种去中心化的数字货币，从此开始对比特币产生了浓厚的兴趣。

图 1-5　维塔利克·布特林（左）和他的父亲

彼时，他父亲是一家区块链孵化器 Blockgeeks Labs 的联合创始人，在父亲的影响下，为了更好地理解比特币这样一个完全分布式的货币系统，维塔利克阅读了大量的比特币论坛发帖和技术资料。并以写比特币博客文章来赚取比特币，时薪约为 2 美元。但在那个时候他意识到，比特币的底层技术应用（当时还没有区块链技术名词）并非仅限于加密货币，应该可以适用于各行各业。由此他设想构建出一种全新的加密货币网络。

2011 年底，维塔利克在社区开始渐渐有了名气，一位来自罗马尼亚的人邀请他作为联合创始人一起创立了《比特币杂志》，并且担任首席撰稿人。

2013年，19岁的维塔利克进入加拿大滑铁卢大学。滑铁卢大学创办于1957年，以学习和实习并重的教育而闻名，在加拿大排名第三，北美最优秀的学校之一，其数学、计算机科学和工程学科教学水平居世界前列。但是，维塔利克在进入滑铁卢大学8个月后便休学，开始专心研究区块链。关于休学，他的父亲是持反对态度的，同样作为程序员的父亲更希望维塔利克能够完成学业，并可以进入像苹果或者谷歌这样的大的IT公司工作。但，好在父亲还算开明，最终默许了维塔利克的选择。

当时的比特币爱好者正在全力以赴地为比特币增加更多的功能性，打造比特币2.0。但维塔利克认为，建立一个全新的编程语言才是比特币的当务之急。出于安全原因，比特币的开山鼻祖"中本聪"用了一种复杂的脚本语言编写了比特币协议，然而这种语言有意地限制了交易的复杂性，也导致了比特币一直没有开枝散叶，孵化出更多的应用。比特币协议自然是不能重写了，可如果用一种通用的脚本语言，打造一款新的计算平台和新的加密货币呢？维塔利克很快写下了一篇白皮书，并在文中介绍了以太坊。

2014年1月23日，维塔利克在自己任编辑的《比特币杂志》上发表了《以太坊：一个下一代加密货币和去中心化应用平台》，并在当年的迈阿密比特币会议上维塔利克宣布了以太坊，并且提出了多项创新性技术，7月，启动以太坊众售计划开始募资，募得3.1万枚比特币（当时约合1840万美元）。有了这笔钱，维塔利克的团队很快在瑞士成立了一家非营利公司Ethereum Foundation。

2015年7月30日，当时作为以太坊项目CCO的成员Stephan Tual在官方博客上宣布了以太坊系统的正式诞生，随后便进行了为期42天的以太币预售。2016年年初，以太坊的技术得到市场认可，价格开始暴涨，吸引了大量开发者以外的人进入以太坊的世界。中国的交易所火币网及OKCoin都于2017年5月31日正式上线以太坊，进一步推升了比特币的价格，并在2018年1月14日暴涨到1422点的历史新高。然而随后，整个加密货币市场开始暴跌，以太坊一直跌到200美元左右。

作为一种比较新的利用比特币技术的开发项目，以太坊致力于实施全球去中心化且无所有权的数字技术计算机来执行点对点合约。比特币网络事实上是一套分布式的数据库，而以太坊则更进一步，它可以看作是一台分布式的计算机：区块链是计算机的 ROM，合约是程序，而以太坊的矿工们则负责计算，担任 CPU 的角色。这台计算机不是免费使用的，否则任何人都可以往里面存储各种垃圾信息和执行各种鸡毛蒜皮的计算，使用它至少需要支付计算费和存储费，以及其他一些费用。

以太坊提出的一个重要功能，称为智能合约。智能合约可以被理解成一个数字化的、全透明的、去中心化的代码中介，帮助用户在以太坊上完成金钱、财产、股权或者任何有价值东西的交易。智能合约在其他加密货币中也可以被使用，但在以太坊系统里，智能合约的通用性和可塑性最高，用户想编写什么合约就编写什么合约。但随之而来的，以太坊系统的智能合约存在着许多安全隐患。

2016 年 5 月，以太坊的去中心化组织 The DAO（Discentralized Autonomous Organization）完成了 1.5 亿美元的众筹。The DAO 是一家以太坊的风险投资机构，通过智能合约的方式，投资以太坊内的初创项目。The DAO 的特点是不受任何组织控制，所有持有 DAO 代币的成员投票决定是否投资以太坊的应用。

这笔众筹迅速地吸引了大众的瞩目，也包括了黑客。这些黑客们发现了 The DAO 智能合约中的严重代码问题。

2016 年 6 月 18 日，The DAO 遭受匿名的黑客攻击，价值 5000 万美元的以太币不翼而飞，这也成为了史上最大的一次数字劫案。一下子，所有的以太币持有者恐慌了。以太币从 20 美元一下子跌到 10 美元，市值蒸发 5 亿美元。

此时，维塔利克做出了一个大胆的决定——更新以太坊区块链，修正

The DAO。这个举动一下子引起了许多人的不满。无论是比特币还是以太币，创立伊始，都不允许更改和恢复，许多人认为此举违反了区块链创立的初衷。

由于以太坊是去中心化的，维塔利克的决定必须通过大部分用户的认可。结果，以太坊分成了两派，一派是以太坊经典（Ethereum Classic），他们坚持区块链不容更改的初衷，留下来继续维护原有的以太坊；另一派则还是以太坊，由维塔利克领导，他们更新了以太坊的许多安全漏洞。这一次分裂被称为硬分叉。

好在，这一次分叉的结局是失去的5000多万美元被追回；无论是以太坊经典还是以太坊本身都得以继续发展。维塔利克不希望以太坊只是一场狂欢之下的投资泡沫，而是渗透进所有的工业中，将全世界的经济、社交、文化都去中心化。当然，这是相当理想化的。

2017年年初摩根大通、芝加哥交易所集团、纽约梅隆银行、汤森路透、微软、英特尔、埃森哲等20多家全球顶尖金融机构和科技公司成立企业以太坊联盟。而以太坊催生的加密货币以太币成了继比特币之后受追捧的资产。正是由于以太坊的出现，加密数字货币的开发、发行都变得异常的容易。任何人、任何机构都可以在以太坊网络上发行自己的数字货币，并学习以太坊一样通过募集比特币或者以太币来进行募资。这在一定程度上成就了以太坊的价值，但同时也造成了监管的缺失，很多项目没有稳定的开发人力，仅通过一个理想化的白皮书就能够募集到一定量的数字货币。有的项目方在拿到募资后，并没有动力或能力去将白皮书上的构想实现，普通投资者又对项目很难了解，无法监控资金的流向，从而蒙受了经济损失。

2017年6月，在圣彼得堡举办的国际经济论坛（International Economic Forum）上，俄罗斯总统普京与维塔利克进行了会面。据克里姆林宫的新闻秘书德米特里·帕斯科夫所说，在这次会面中，普京和维塔利克讨论了这项技术在俄罗斯的应用。据报道，普京总统支持由区块链技术铺路，建立新的业务关系的想法。

在论坛开始的时候，俄罗斯第一副总理伊戈尔舒瓦罗夫说，普京真的是对在俄罗斯构建一个数字经济充满热情，并且表示目前在区块链应用方面至少有三个方向正在被探索和试验，其中包括货物跟踪、创建身份以及版权保护系统。

维塔利克就是区块链经济小组讨论中的发言者之一，实际上，这个小组也是最受欢迎的小组之一。该小组成员讨论了这项技术在触发建立一个新类型经济的潜力，以及相关的监管过程的问题。

俄罗斯监管机构一直以来都在试图找到一种办法，将区块链应用放入现有的监管框架中。伪匿名是他们最关心的问题。

维塔利克说："我认为我们还没有解决这个困境。监管机构总是试图用新的办法来控制和分析交易，而人们则总是试图考虑如何隐藏这些交易。这是一种数学战争，但是系统的属性永远都不会让任何一方获胜。"

据维塔利克所说，在他最初有了以太坊的设想时，他脑海中只有几个应用程序。然而，随着技术的成熟和网络的发展，他得到来自众多社区成员的建议，惊讶地发现以太坊区块链的诸多应用。

他说："社区带来的创新和创造力比我曾经提出的更重要。"

在回答一个联合小组成员的问题时，维塔利克提到过，我们现在正在进入区块链技术正满怀信心地跨行业的这个阶段。人们开始意识到，它不只是一群黑客的玩具，还是一种高效的工具，很有可能会被银行、金融机构、企业、监管机构等部署。

他分享了他在区块链领域的自身经历和最激励他的事物：

"我在六年前踏入区块链领域。那时我赚了 20 个比特币，拿了 8.5 个用来买一件衬衫。当时我花掉的那 8.5 个比特币现在价值 2 万美元，而那件衬衫现在已经不见了。但我在加入这个全球性实验中意识到的是，如果世界各地成千上万的人一起致力于此,那么这个数字经济体系一定可以运作起来。而成千上万人连接网络可以创建一个独立的金融体系的这个想法,在我的脑海里深深刻下了。去中心化、密码学、开放性、透明都深深震撼了我。然而,区块链的应用并不仅限于加密货币。它有着一个巨大的潜力,适用于各行各业,能为各企业和各种规模的组织带来显著的好处。"

而就在 2017 年 11 月月末,一款叫做 CryptoKitties 的养猫游戏正式上线以太坊。网络养猫、养宠物本无稀奇,但 CryptoKitties 则是基于以太坊平台的,所以被称为链上养猫。也就是说,CryptoKitties 是一款通过以太币饲养宠物猫的游戏,玩法类似于 Pokemon,玩家可以养猫、生猫、卖猫,品种越稀缺、年代越久远、特征越古怪,就越值钱。这款游戏在最疯狂的时候,最贵的一只猫以 140 个以太币(当时价值 11 万美元)成交,游戏交易金额突破 600 万美元,整个交易量占以太坊全网交易量的 20%,一度曾使以太坊网络瘫痪。这款游戏跟普通养猫游戏的区别在于,链上养猫是谁也偷不走的,而且是具有唯一性的,此外,由于当时以太坊有增值的预期,所以玩家趋之若鹜。但好景不长,随着整个数字货币市场的遇冷,CryptoKitties 游戏也渐渐地冷了下来,玩家用户数、交易量、宠物猫的价格都在不断下跌。数字货币在 2018 年 1 月达到一个高点后,随着各国监管力度的加强,比特币、以太币都开始了大幅的调整。

在整个市场大幅调整过程中,以太坊也受到了其参与者的诟病,链上 Dapp 应用的单一、性能低下,交易手续费高,版本研发进度缓慢等问题非常突出。维塔利克也曾多次扬言要退出以太坊社区,借此来表达自己对社区及生态的不满。

3. 区块链技术风起云涌

随着以比特币为代表的加密数字货币越来越受到关注,全球活跃的用户及交易量不断增多,人们开始意识到以比特币底层技术为代表的技术具有巨大的潜在价值。《经济学人》在 2015 年 10 月的封面文章《区块链：信任的机器》（图 1-6）中介绍区块链是"比特币背后的技术有可能改变经济运行的方式"。

图 1-6　《区块链：信任的机器》

因此，出现了很多利用比特币代码技术创建的公有链项目，如：资产登记、公示公正等。但比特币公有链技术自身固有的一些待解决的问题或者缺点，大大限制了应用的落地。比如，比特币的交易效率低下，交易确认时间长，整个网络吞吐量大概平均在每秒 7 笔交易左右，而且每笔交易大概需要 6 个周期，也就是 60 分钟左右能够最终确认生效。除了比特币的应用外，其他的应用场景也都受到限制。

为了克服比特币的不足，突破原有比特币设计思路的限制，设计出一套全新区块链底层架构平台已经迫在眉睫。因此，Linux 基金会于 2015 年 12 月开始启动名为"超级账本（Hyperledger）"的开源项目，旨在推动有关区块链技术的研究协作，共同打造基于区块链技术的分布式账本底层技术，从而构建用于支持行业应用的技术架构平台。超级账本提供了多种区块链的技术架构和代码，并具有开放的协议和标准，并接受针对不同应用场景设计实现的不同的共识算法、存储方案、身份验证方法等技术和服务。

整个超级账本项目的参与方很多，包括 IT 行业的巨头 IBM、Intel、思科等科技公司。同时，也包括摩根大通、富国银行、荷兰银行等金融公司，还有专注于区块链领域的科技公司如：R3、ConsenSys 等。目前，超级账本项目是全球最大的区块链开源社区项目，与比特币、以太坊等极客主导的公有链项目相比，超级账本则更注重区块链与企业的对接落地，实现商业化的联盟链项目。

类似于比特币、以太坊的公有链（Public Blockchain）项目，其特点是对外公开、透明，用户不用注册个人信息，无须授权即可访问区块链网络并申请区块链地址，所有的交易完全是在匿名下完成的。在公有链上，任何人的信息都是公开透明的，并且可以参与网络的共识，从而决定区块链记录的信息内容。

而联盟链（Consortium Blockchain）则不同，参与成员仅限于联盟许可的成员单位，对于区块链的读写操作，共识记账的权力都有一定的规则约束。就现阶段的商业情况看，联盟链及私有链更应该被定义为许可链（Permissioned Blockchain），而联盟链与私有链的区别更多的是在于成员的定义及权限的设定上。如果联盟成员在一定的范围或者机构部门内部，则可被看成私有链，如果是联盟成员之间是相互协作关系，则可被认为是联盟链。

联盟链的共识过程是由预先设定好的节点控制的，一般适合与机构间的交易、结算、清算等 B2B 的应用场景。由于联盟成员都是实名加入，所以在共识机制上与公有链有很大的不同，不会采用"挖矿"的机制来达成共识，而是更多地采用效率更高的权益证明或 PBFT（Practical Byzantine Fault

Tolerant)、RAFT 等共识算法。联盟链对交易的确认时间、每秒的交易数有更高的要求。

2015 年成立的 R3 联盟，旨在建立银行同业的一个联盟链，吸引了很多世界著名的银行及 IT 巨头。R3 联盟设计开发了一套 Corda 分布式账本系统，希望能够解决银行间对账困难、交易烦琐、结算成本高等问题。2016 年 10 月份，R3 项目正式加入了超级账本项目，并通过超级账本项目进行管理和开源。

在超级账本项目中，只要是 Linux 基金会的会员公司，交易一定的年费，即可成为超级账本的项目会员。根据缴纳的费用不同，项目会员分为首要会员（Premier Memeber）和普通会员（General Member）。成为超级账本项目会员后，就可以参加日常的会议，享受会员权利，履行会员义务。

超级账本项目的目标是为了商业区块链应用提供底层技术，因此，在知识产权上采用了商业友好的使用许可协议。所有添加到项目中的代码都采用 Apache V2.0 许可协议，该协议的约束条件非常宽泛，基本可以满足绝大多数商业应用的需求。项目的文档遵循知识共享 4.0 国际许可协议（Creative Commons Attribution 4.0 International License）。

超级账本包括不同的项目，每个项目都是社区在某方面协同工作的成果，包括各类代码及文档。根据项目不同的发展状态，分为 5 种：提案、孵化、成熟、弃用、终止。项目在开展过程中，可能会在不同的状态之间进行多次转换。

(1) 提案

提案（Proposal）就是设立项目的建议，任何人都可以向技术指导委员会递交提案。提案需要有清晰地描述和项目范围，确认将投入开发的资源和项目维护者，同时必须是厂商中立的方案。如果提案获得批准，该项目就正式启动，交由相关项目维护者管理，并进入孵化状态。

(2) 孵化

进入孵化（Incubation）状态的项目，可以在超级账本的 Github 账号下创建专属的代码库，以便社区能协作开发、共同探索不同的方案，为项目添加所需的各种功能。超级账本同时包括多个孵化的项目，为了鼓励社区的创新，项目之间可能有重叠，但最终可能在项目之间取长补短，实现完整的技术方案。

孵化项目的目标是使代码达到质量稳定、可用的标准，具有成熟的发布流程，并在社区拥有众多的活跃开发者。项目的维护者可以向技术指导委员会提出审批申请，宣布项目转为成熟的状态。有时，项目由于各种原因也可能无法进入成熟状态。

(3) 成熟

从孵化状态"毕业"的项目将进入成熟（Mature）状态，项目的成果适合在实际的应用中使用。和大多数开源项目一样，成熟状态的项目还会持续不断地完善功能、修复错误，以及定期发布更新版本。

(4) 弃用

项目发展到一定阶段，由于各种原因，已经不适应实际需求，此时项目维护者可投票表决，是否让项目进入弃用（Deprecated）状态。投票如果通过了弃用决定，技术指导委员会将宣布项目进入弃用状态。社区将继续维护该项目 6 个月，之后将不再发布任何更新。

(5) 终止

在弃用状态持续 6 个月后，项目正式进入终止状态（End of Life），不再维护和开发。

截止到 2018 年 11 月，超级账本已经有 10 个项目，主要包括：Fabric、Sawtooth Lake、Iroha、Burrow、Indy 等，另外还有一些工具项目，如：Cello、Explorer、Caliper 等。

Fabric 是由 IBM、数字资产和 Blockstream 等三家公司代码整合而成。由于这三家公司原来的代码分别使用不同的语言开发，因此无法直接合并。为此，三家公司的程序员进行了一次黑客松（Hackathon，黑客马拉松的简称）编程。通过这次黑客松编程，终于把原来不同的语言编写的三个项目集成到一起，实现基本的区块链交易，从而奠定了 Fabric 项目的基础。

Sawtooth Lake 来自 Intel 贡献的代码，作为构建、部署和运行分布式账本的高度模块化平台。它包含一个新奇的共识算法，称为经历时间证明（Proof of Elapsed Time，PoET），面向大型分布式验证器群，减少对资源的消耗。

Iroha 是由日本初创公司 Soramitsu、Hitachi（日立）等几家公司发起的项目，主要是面向移动应用开发。Iroha 具有独特的共识算法 Sumeragi 和排序服务算法，丰富的基于角色的许可模式并支持多重签名。

除此之外，超级账本还包括了一些工具项目。Hyperledger Explorer 可以查看、调用、部署或查询区块、交易和相关数据、网络信息、链码和交易序列，以及账本中的其他相关信息。Hyperledger Caliper 是一个区块链基准工具，内置一套预定义的测试用例，让使用者可以测试特定区块链执行的性能。Hyperledger Cello 旨在给区块链生态系统带来按需部署服务的模式，减少创建、管理、终止区块链的难度。并结合云计算模式，可在容器、虚拟机和物理机等不同平台上快速高效地部署区块链系统服务。

在这些项目中，Fabric 是最早开始的项目。早在超级账本联盟成立之前，IBM 公司就已经开源了一个称为"开放区块链"（Open Blockchain，OBC）项目。在联盟成立之后，IBM 公司把 OBC 项目约 44 000 行代码贡献给了 Linux 基金会，这部分代码成为了 Fabric 项目代码的主要组成部分。在 2016 年 3 月的黑客松活动后，最终形成了 Fabric 的雏形，使其进入了超级账本项目孵化阶段。

第二个加入超级账本的 Sawtooth Lake（锯齿湖）项目是由 Intel 公司发布的分布式账本平台试验项目。最初发布时候的名称为 intelledger，进入超级账本后，更名为"锯齿湖"，该名称来源于美国爱德华州锯齿山上著名的锯齿湖。锯齿湖分离了账本和交易，使两者成为松耦合的关系；提出了交易家族的概念，能够扩展到不同的商业领域；适合权限或无权限区块链的可插拔共识算法，其中包括：时间消逝证明（Proof of Elapsed Time，PoET）和法定人数投票（Quorum Voting）。

PoET 和比特币的 PoW 一样都属于彩票算法，即按照一定规则随机地选取"赢家"节点，由该节点作为区块链主记账者，其他节点则负责验证和确认该节点的结果。PoET 比 PoW 明显的优势是不需要消耗大量的算力和能耗，但需要 CPU 硬件支持 SGX（Software Guard Extensions）特性。法定人数投票算法是从 Ripple 和 Steller 的共识算法修改而来的。

2017 年，以太坊企业联盟（Enterprise Ethereum Alliance，EEA）成立，由 30 个创始成员组成，其中包括一些大型机构企业，涉及银行、科技、能源和信息行业，如芝加哥商业交易所、英特尔、ING、摩根大通和微软，还有一些新兴区块链创业公司，像 BlockApps、ConsenSys 和 String Labs。

EEA 的目标就是共同"创建、推进和广泛支持基于以太坊的技术最佳实践、标准和一种参考架构"并创建一种只为经过验证的参与者开放的私有版本以太坊。

EEA 旨在允许其成员打开私有区块链的特殊用途，这就意味着金融机构能拥有他们自己的区块链，而航运公司创建另一个符合他们用途的区块链。EEA 的成员企业将以一种能够确保企业流程能够插入该平台并且能从其优势中获利的方式来帮助开发开源以太坊代码库。

他们之间的工作将由 EEA 进行协调，EEA 将引导一种基于以太坊区块链的标准区块链技术的设计，并根据所有企业成员的需要进行定制。

2018年10月1日，Hyperledger 和以太坊企业联盟（Enterprise Ethereum Alliance，EEA）联合发表声明互相加入，成为对方的准会员（Associate Member）。除了联合声明外，双方执行董事都在自己的博客公布了这一消息。

"这是一次巨大的机会，通过共同的标准会员合作，双方都会获得更多的机会，进行更加紧密的合作。如果超级账本的开发者加入 EEA，他们就可以参加 EEA 认证，用来保障企业以太坊客户规格项目的解决方案得以顺利进行。"——企业以太坊联盟执行董事 Ron Resnick

"精益求精的开源码可以创建绝佳的开源标准，所以对于两家机构而言，联盟是自然而然的。标准、规格以及证明将会帮助企业区块链客户在应用建设层面更有信心，这样可以保证更好的交互性，也可以让它们有更广泛的供应商选择权。"——超级账本执行董事 Brian Behlendorf

以太坊企业联盟，正如它的名字一样是推进企业公有链以太坊应用的组织，其实它也是行业内第一家提供开源及标准架构的全球性标准组织。作为开源的非营利性组织，EEA 负责制定企业级的开源框架、技术标准，提供企业级以太坊最佳参考实践、并负责审核企业以太坊应用以确保上链应用符合标准。

超级账本是 Linux 基金会的一个"伞形"项目。超级账本的 Burrow 项目正是基于 EEA 的标准开发的，用于和以太坊公有链交互的以太坊虚拟机（Ethereum Virtual Machine，EVM），目前超级账本的 Fabric 和 Sawtooth 都实现了对 EVM 的支持。

EEA 和 Hyperledger 从来就不是竞争对手，而是有相似目标的两个开源组织，一个关注公有链，另一个关注联盟链，而双方会员也有很大交集。两者都是开源非营利组织，都在推进开源软件的发展、制定开源标准。开源软件发源于有 Hacker 精神的程序员，他们通过改进和交换代码来推动软件技术进步,正是有了他们的自由和奉献精神,才有了现在的自由软件基金会、Linux 基金会、Apache 基金会等,也才有了 Linux 技术,才有了安卓手机操作系统。在云时代的今天,开源软件的价值被进一步体现出来,后台数据库、中间服务器、前台页面,以及中间的通信都是开源技术在支持。就连商业公司也开始大笔投资开源软件,比如:微软公司以 75 亿美金收购最大软件托管平台 Github,IBM 公司以 334 亿美金收购开源 Linux 发行商红帽,这也是百年蓝色巨人史上最大笔收购!

4. 总结与思考

区块链技术的源头要从比特币说起,而且目前,比特币所构建的价值网络依然是数字货币世界里的价值基石。在学习了解区块链技术的时候,应该对比特币及主流数字货币的演进历史有所了解,这样更有利于我们了解这项技术发展的原因和动力。有时候,很多事情的发生和发展都是有一定的规律和背景,通过对过去事情的回顾和总结,能够帮助我们了解未来区块链的发展趋势,把握区块链的产业发展动向。

5. 参考文章

《区块链技术指南》,邹均

超级账本项目:https://www.hyperledger.org/.

超级账本孵化项目:Fabric:https://github.com/hyperledger/fabric.

超级账本孵化项目:Sawtooth Lake:https://github.com/hyperledger/sawtooth-core.

《中本聪的只言片语》Fred Marion 2014.1.

《彭博:全球加密货币管理现状》2018.3.

第 2 章
区块链核心技术介绍

区块链技术是一种多项技术的整合方案，由于其独特的技术特点，其相应的技术特性被人们统一概括为"区块链"技术。不过，其最核心的技术可以概括为 P2P 通信技术、加密技术和共识机制。

1. P2P 通信技术

P2P（Peer to Peer）对等网络技术是相对于客户机/服务器（C/S）模式来说的一种网络信息及数据的交换方式。在传统的 C/S 模式中，数据的存储和计算是在服务器端完成的，并由网络发送到各个客户端。而在集中式数据传输模式中，其优点在于数据的一致性非常容易控制，系统也易于管理和维护。但缺点是服务器的个数在逻辑上只有一个或者有限的备份服务器，系统容易出现单点故障。另外，单一服务器需要连接众多的客户端，对 CPU 的运算能力、内存大小、网络带宽都有着极高的要求，可同时对外服务的客户端非常有限，可扩展性差。这点在早期互联网网络环境很差的情况下尤为突出。根据互联网信息传输模型的多以中心化为主，早期互联网由于建设成本高，不得不根据网络数据传输模型进行构建，当时用户更多的是获取信息而不是上传信息，所以导致数据的上行带宽要远远小于数据的下行带宽。

P2P 技术正是为了解决这些问题而提出来的一种对等网络结构。在 P2P 网络中，每个节点既可以从其他节点得到服务，也可以向其他节点提供服务。这样，庞大的终端资源被利用起来，一举解决了 C/S 模式中的两个弊端。

基于 P2P 的应用软件主要包括文件分发软件、语音服务软件、流媒体软件等。目前 P2P 应用种类多、形式多样，没有统一的网络协议标准，其体系结构和组织形式也在不断发展与推陈出新。但 P2P 的核心思想没有变：P2P 的核心思想就是没有服务器的概念，任何一个下载者既是客户端（client），又是服务器（server）。

P2P 技术的应用主要有以下几个方面。

(1) 分布式科学计算

P2P 技术可以使众多的服务器资源联合到一起，为了一个共同的目标实现共同计算。这种计算一般情况都是计算量巨大、数据量大且复杂、计算耗时时间长的科学计算。因此，在每次计算过程中，任务往往被分割成若干个子任务或者多个片，并被分配到参与计算的各个 P2P 节点机器上。这样，在不影响原有计算机使用的前提下，利用分散且闲置的计算资源完成计算任务，并将结果返回给一个或多个服务器，最后将众多结果整合到一起，就可以得到最终的计算结果。

(2) 文件共享

比如 BitTorrent 就是一种无结构的网络协议。除了 BitTorrent 之外，还有不少著名的无结构化的 P2P 文件共享协议，其主要的应用场景是在网络条件不好的情况下，通过共享的方式实现文件的快速下载和传输。

(3) 流媒体直播点播

通过流媒体技术能够实现低延时的视频播放。传统的中心化流媒体播放时，对中心化服务器访问压力巨大，而且会受限于网络带宽、地域环境、传输时延等条件。采用 P2P 方式，能够有效降低流媒体延时，提高直播点播的用户体验。

（4）IP 层语音通信

Skype 就是一种 IP 层的语音通信应用，其在网络中选取一些超级节点，在通信双方直连效果不好时，一些合适的超级节点则担当起其中转节点的角色，为通信双方创建中转连接，并转发相应的语音通信包。随着网络带宽的改善以及应用软件的不断提升，目前，采用 IP 层语音通信的用户体验已经与传统的移动电话在通信质量上不相上下。

这里，提到 P2P 通信技术，不得不重点介绍 BitTorrent。BitTorrent 是一种无结构的网络协议。除了 BitTorrent 之外，还有不少著名的无结构化的 P2P 文件共享协议。人们对 P2P 的理解和认识，与这个文件共享下载软件密不可分，正是这个软件的广泛使用，使 P2P 技术得到了更广泛地应用和发展。

BitTorrent 软件用户首先从 Web 服务器上获得下载文件的种子文件，种子文件中包含下载文件名及数据部分的哈希值，还包含一个或者多个的索引（Tracker）服务器地址。它的工作过程如下所述。

客户端向索引服务器发一个超文本传输协议（HTTP）的 GET 请求，并把它自己的私有信息和下载文件的哈希值放在 GET 的参数中。

索引服务器根据请求的哈希值查找内部的数据字典，随机地返回正在下载该文件的一组节点，客户端连接这些节点，下载需要的文件片段。

因此，可以将索引服务器的文件下载过程简单地分成两个部分：与索引服务器通信的 HTTP，以及与其他客户端通信并传输数据的协议，这就是所谓的 BitTorrent 对等协议。BitTorrent 协议也一直处在不断地变化中，可以通过数据报协议（UDP）和 DHT 的方法获得可用的传输节点信息，而不是仅仅通过原有的 HTTP，这种方法使得 BitTorrent 应用更加灵活，提高 BitTorrent 用户的下载体验。

提到 BitTorrent 就必须介绍所谓的"BitTorrent 之父",布拉姆·科恩(Bram Cohen),正是他将 BitTorrent 带给广大网友,并让大众充分认识到 P2P 通信技术的魅力。

1975 年 10 月 12 日,布拉姆·科恩出生于美国纽约曼哈顿,和那些 IT 天才少年的故事一样,布拉姆很小就对计算机有着特别的感情,5 岁时就开始在父亲新款式 Timex Sinclair 键盘(图 2-1)上学习使用 C 语言进行编程。

图 2-1　Timex Sinclair

1993 年布拉姆·科恩(图 2-2)从纽约最好的高中之一史岱文高中(Stuyvesant)毕业,进入纽约州立大学布法罗分校学习,主攻计算机和网络技术。此时的布拉姆已经对计算机技术非常痴迷,并且在网络共享技术上具有独到的见解。

然而正是这样的天才少年,却存在着与人沟通上的障碍,他不善于与人交往,有时候做事还会让人觉得离经叛道。

他有一次在最擅长的数学考试上,50 道题只做出第一题便执意交卷走人。

原因是剩下的 49 题都只不过是第一题的各式变种，如果可以，第一题他也不想做。

这搞得出卷老师很尴尬，但布拉姆似乎也没有什么悔意。也许天才少年都会具有这样异于常人的个性。

图 2-2　布拉姆·科恩

布拉姆痴迷于计算机及编程，很少与人聊天交流，久而久之就没有人愿意和他来往。这让他显得孤僻并渐渐与世隔绝，而他自己对此也无法释怀，在图书馆里翻遍各种心理学书籍来寻求答案。

他很快给自己做了诊断，确定自己得了叫作"亚斯伯格症候群"的病，这是自闭症的一种，也叫"小博士综合症"。这种病会让人存在社交障碍，理所当然地不善交流，但这病也赋予病人无可比拟的专注力。

其实，布拉姆并没有特别在意，既然与人沟通对自己来说很难，那就把所有的精力都集中在编程上。尤其是在网络数据共享方面。

在大学就读的第二年结束，他就决定要辍学专心做编程。

后来，他曾在《商业周刊》采访中说，如果有机会重来，他连高中的时间都不愿浪费，应该早就辍学去开发程序。

辍学后的布拉姆辗转于多家计算机公司，为大大小小的网络公司研究开发有关互联网应用技术的软件。

在这段时间里，他一直在思考工作的意义，再加上自身性格孤僻的原因，他很难与同事相处或融入公司的氛围中。

这段时间，工作无法激发起他的兴趣，这令他很沮丧和不安。他唯一一次觉得还不错的项目称为 MojoNation，是他和 Jim McCoy 共同参与的。

MojoNation 允许把机密文件分解加密的块，并传给也运行 MojoNation 的计算机。如果有人想下载一个文件，那么他必定要同时从许多计算机上下载。布拉姆认为，这个想法非常适合点对点传输程序，因为类似 KaZaA 的程序——从一台计算机上下载文件——需要花费很多时间。这个项目很有前景，可惜运气不太好，最后没有成功。

随后他辞了工作，决定自己设计一款软件，因为他从中捕捉到了点对点传送文件的终极奥义。

P2P 传送文件，最终追求的是去中心化，即不依赖主要服务器来传送文件。

一般理解为：彼此连接的多台计算机之间处于对等的地位，不分主次，任意计算机都既是服务器，又是客户端。

其实，BitTorrent 不是第一个被用于在文件及数据共享方面的应用软件。

最早应用于数据共享的是一款由大学生开发的 Napster 的软件，用于共享 MP3 文件，不利于提高下载速度；第二款软件称为 Kazaa，这款软件也是相当优秀的点对点共享工具；而第三个就是大家所熟悉的 BitTorrent，也被称为 BT 1.0，而 BT 2.0 则是 BT 的加强模式磁力链了。

BT 的下载速度在当时可谓非常神奇，一般的网络下载都是越多人下载速度越慢，因为受到了服务器的承载力限制。

而 BitTorrent 下载则不然，越是多人下载它的速度越是快。这主要是因为 BitTorrent 协议将被下载的文件或者数据分成了许多小块，与此同时，每个下载者也是数据的上传者，充分合理地利用了原本被浪费的带宽。

如此说来，当一个文件越受欢迎下载的人越多，它的下载速度就越快。BitTorrent 解决了当时网民的痛点，就是网络下载速度慢，用户体验差。由于采用 BitTorrent 使得用户在当时的网络环境中，有较好的下载速度，因此网友将其缩写为"BT"。

然而事实却大相径庭，刚刚推 BitTorrent 时，其很难进入广大公众视野，一直只是活跃在少部分极客及开发者之间。这自然无法发挥 BT 下载的功效。

于是在 2002 年时，不善于"洞察"人心的布拉姆突发奇想，他把从网络上收集的几部免费色情电影上传到 BT 网络上。这样一来，更多人被吸引来测试他的软件，并引起了巨大反响。

但使 BitTorrent 真正得到推广的，是著名软件公司 redhat（图 2-3）。当其发布它的 Red Hat Linux 9 操作系统时，可为广大用户提供免费的下载地址，但很快服务器就被挤爆了。

一个名叫福斯特的用户下载到了一份操作系统，于是他用 BitTorrent 将 Red Hat Linux 9 发布在 BBS 里。人们蜂拥而至，短短三天时间，网友们便互换了高达 21 150 GB 的数据，这相当于美国国会图书馆的藏书量。

图 2-3　redhat LOGO

| 区块链技术的应用实践

随后游戏厂商暴雪公司（图2-4）也在推出新游戏《魔兽世界》时使用了BitTorrent，许多游戏爱好者体验到了BitTorrent的强劲，峰值时有4500多万台计算机在同时交换文件！

图2-4　暴雪游戏公司LOGO

BT从此进入了每家每户，成为了人尽皆知的超级软件，不到两年的时间里，使用人数就超过了2000万人。由于当时的网络环境还很差，无法像现在这样可以随时通过移动终端进行直播，在当时的网络环境下，下载几百兆的数据都需要很长时间，而且还要考虑服务器的性能及物理距离等因素。国内网友接触到BT后，感受到了前所未有的下载速度，形象地把BT技术称为"变态"技术。

但这并没有为布拉姆带来一分钱收益，他将BT永远开源放上网络。任何人都可以改编它，也可以将它嵌入任何软件。人们根据BT的技术原理，不断地改进、优化程序，编写出各种不同的P2P网络下载软件。

BT的火爆超乎人们的想象，然而BT非但没有为布拉姆带来任何收益，反倒给他惹了一身麻烦。

在体验到BT的好处后，人们开始用BT传播盗版，如曾自称"世界最大的BT种子服务器"的海盗湾（图2-5）上的盗版下载量就曾达到过惊人的数字。

图 2-5　海盗湾网站

与网友的疯狂下载相比，版权方对他则深恶痛绝。面对侵权质问，布拉姆声称自己从未利用该软件违背版权法律。不过他也直言不讳地批评，当前的媒体业务注定失败，尽管 RIAA（美国唱片业协会）和 MPAA（美国电影协会）采取了一些法律和技术手段来维护数字版权。2005 年年底，布拉姆和纳文与 MPAA 签署了协议，撤除 BitTorrent 官方网站上的非法内容链接。这个与美国七家最大的电影公司签署的协议，意味着 BitTorrent 网站将遵守《数字千年版权法》提出的规定。

因为经济问题，BT 险些就因此夭折，所幸 BT 引起了著名免费软件企业家约翰·吉尔莫尔的注意。

吉尔莫尔帮助布拉姆解决了部分生活费用，也让 BT 还能继续维持，但布拉姆依然没有收入，最糟的时候，他只能通过透支一张信用卡去弥补另一张信用卡。

幸运的是 Valve 公司邀请了布拉姆，这家 Valve 公司对于稍微熟悉游戏的人一定不陌生，它曾开发了让游戏玩家激动不已的《半条命》系列。

在2003年下半年，布拉姆加盟 Valve Software 公司，参与开发在线游戏《半条命2》中使用的数据传输系统，名为 STEAM，这个在线数据分发网络平台 STEAM（图2-6），应用到了他最擅长的网络共享技术。

图2-6 STEAM 平台 LOGO

这一次，布拉姆也不再任性，欣然接受工作，并搬到了西雅图。

另一方面，他接受了父亲的建议，用更直接的方式在自己的个人网站上向 BitTorrent 用户提出捐款请求。虽然之前也一直有捐款，但始终不多。直接请求之后，每天都能收到上百美元的捐款。一时间工作有了，钱也多了，戏剧性的变化突然发生，可真是应了老司机那句话，"好人一生平安"。

慢慢地，随着版权方对盗版的打压，越来越多的 BT 服务器被迫关停。但即使失去了"BT种子"的穿针引线，网络盗版依然猖獗。

这也印证了布拉姆的那句话，"网络盗版一直存在，即使 BT 没被开发出来，网络盗版也会以其他方式继续存在下去。"

后来，布拉姆与伙伴合伙开了 BitTorrent 公司（图2-7），他的公司经营状况很差，仅能勉强维持。

2018年3月，布拉姆成立加密货币初创公司 Chia，并获 A16Z 等知名风投的种子轮融资，Chia 旨在发行同名加密货币和区块链，更重要的是，Chia 币宣称不像比特币那么耗能。

2018年7月，BitTorrent 被卖给了由中国90后创业者孙宇晨（Justin

Sun）创办的区块链创业公司 Tron（波场），对外宣称的收购价格是 1.4 亿美元。

图 2-7　Bit Torrent

2．加密技术

比特币的所有权是通过数字密钥、比特币地址和数字签名来确立的，这样的设计也影响了后续所有的区块链产品。这一特性已经成为区块链技术的一个最为重要特征。数字密钥实际上并不存储在网络中，而是由用户自己生成并存储在文件或简单的数据库中，被称为"钱包"。早期的钱包功能非常简单，存储在用户钱包中的数字密钥完全独立于比特币协议，可由用户的钱包软件生成并管理，而无须区块链或网络连接。后来，在比特币及其他数字货币开始广泛应用后，有人专门针对钱包功能进行开发、优化，并提供第三方的钱包服务，使用户更加方便地使用数字货币。

在比特币中，每笔交易都需要有效的签名才能被存储记录到区块链中，只有有效的数字密钥才能产生有效的数字签名。密钥的生产都是成对产生的，一个私钥对应一个唯一的公钥，因此，拥有密钥副本就意味着拥有了其账户的所有权及控制权。我们可以把公钥理解为银行的账户代码，私钥则是控制这个账户的密码，秘钥不会在网络中传输或被其他人看见，需要存储在钱包文件或者其他安全的地方。

现代密码学的一个革命性的突破是解决对称密码算法无法在大规模的信息加密传输中普及的问题。对称密码算法是指加密和解密共用一个密码，也称单钥密码算法。它的最大缺陷是，信息发送方必须和每个接受方约定好对称密钥，那么在密钥的大规模分发过程中，无法有效防止密钥被窃取或者被人攻击，也不太容易去管理那么多的密钥。

对此，1976 年，Diffie（迪菲）和 Hellman（赫尔曼）提出了新的思路，他们将原来的一个密钥一分为二，成一对密钥，一个密钥用于加密，一个密钥用于解密。加密密钥公开，称为公钥。解密密钥不能公开，唯独本人秘密持有，不能给别人知道，称为私钥。

如果别人想给我发信息，他要用我的公钥对信息进行加密，而只有我的私钥才能解开，其他任何人都解不开。同样，我想给别人发消息，要用对方公开的加密密钥进行加密，而只有他手上有的那把私钥才能解开加密后的信息。

这样的思路就很好地解决了单密钥体系下的密钥大规模分发的问题。这就是非对称密码机制的思想。1978 年，Rivest（李维斯特）、Shamir（萨莫尔）和 Adleman（阿德曼）提出著名的 RSA 密码算法，首次实现了非对称密码算法。

非对称密码算法除了解决开放系统中密钥大规模分发的问题，还带来原来对称密码体制不具备的功能，那就是非常独特的认证功能。

比如，如果我想给别人发信息，我不仅用别人的公钥对报文进行加密，同时我还可用我的私钥进行签名，这样别人就可以用我的公钥进行验签，判定报文是不是从我这发送的。

认证功能的出现使信息加密传输形式发生革命性的变化：信息既可以加密，也可以签名，就像支票一样，让信息的加密传输有了主人的感觉。所以说，非对称密码机制的实现是密码学的一次重大革命，密码学的应用也因此从军事领域开始走向民用领域。

另外，哈希算法是现代密码学的另一个巨大成就。它也被称为"散列函数"，最早的 SHA（Secure Hash Algorithm）哈希算法由美国国家安全局设计，于 1993 年发布。2010 年，中国国家密码管理局公布中国商用密码哈希算法标准——SM3 密码哈希算法。

哈希算法的优点是，它可以用非常简单的摘要信息描述原始信息集；且计算是不可逆的，给定输入很容易得到输出，迅速收敛，但是从输出计算回输入是不可行的或者需要非常高的代价。还有一个有意思的特性是，只要输入信息发生一点点变化，输出就变得完全不一样。

基于这样优秀的特性，哈希函数得到广泛的应用，在数字文件的校验、电子签名等诸多方面都得到大规模的商业应用。在数字货币领域，哈希算法常常被当成数字货币交易挖矿、交易区块链以及钱包地址压缩生成的工具更是得到广泛的应用。

自公私钥体系建立以来，包括素数幂运算、椭圆曲线乘法等数学函数都相继被应用，其中重要的特点是这些函数都是不可逆的。也就是说，我们很容易从一个方向计算出结果，但想从结果倒推是不可行的（或者说是在相当长的时间里不可行）。由于这些数学方法及理论的引入，数字密码及数字签名技术得以创建和实现。因此，可以说数字密码技术是构建在数学基础之上的，是经过充分的理论证明后才在应用领域得以推广的。

在比特币及后续的区块链技术当中，基本都是利用公钥密码学创建密钥对，以此来控制对数字货币的控制权，区别在于使用的具体公私密钥算法有所不同。密钥对由私钥和公钥（由私钥派生出来的）组成，公钥用于接受数字资产，私钥用于对支付交易进行签名。在一次交易中，私钥可以对交易数据进行签名，生成已签名交易数据，在不泄漏私钥的情况下，公钥可以对已签名的交易数据进行有效性的验证。在花费数字货币时，数字货币持有人在交易中同时提交公钥和签名数据。通过附带的公钥和签名数据，区块链网络中的所有参与者都可以验证交易的有效性，确认该交易确实是由交易发起人发起。

在大部分的钱包实践中，私钥和公钥是以密钥对的形式存储在一起的。但由于公钥是可以由私钥计算出来，因此，只存储私钥也是可行的。

比特币公私钥及地址生成过程如图2-8所示。

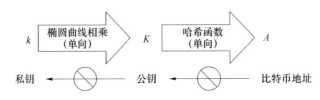

图2-8　比特币公私钥及地址生成过程

比特币地址是一串由数字和字母构成的字符串，可以分享给任何想给你转比特币的人。地址是由公钥转换而来的，包含数字和字母。比特币地址是由公钥通过哈希值运算产生的，这是个不可逆过程。地址产生后，并与公钥进行关联，从而不仅可以代表一个公钥又代表区块链上的用户ID。当你知道一个用户的地址后，你就可以通过区块链网络向该地址发送比特币，当发送方对交易进行签名并通过后，交易即完成。比特币地址是用户可以看到的唯一表现形式，交易过程中不必知道对方是男是女，姓什么叫什么，身处何地，只要知道其地址就可以完成交易。这也是比特币及区块链技术匿名性的重要表现形式，由于地址数量足够多，表示范围足够大，理论上几乎可以被认为是无限量，在现实的交易过程中，经常临时生成地址，在交易完成后将地址弃用的情况。

比特币的地址是通过单向的加密哈希算法从公钥推导出来的。由于"哈希算法"是一种单向函数，它可以对任意长度的输入进行计算，生成输入信息的数据指纹。加密哈希函数在比特币及其他区块链项目中得到广泛的应用，包括：区块链地址、脚本地址、挖矿中的工作量证明算法、区块链哈希等。目前，普遍应用的哈希算法是 SHA 体系，比特币用于从公钥创建地址的算法采用的是安全哈希算法（SHA）和 RACE 完整性原语求值信息摘要算法（RIPEMD），应用的具体算法是 SHA256 和 RIPEMD160。

具体比特币地址的生成过程是从公钥 K 开始，通过 SHA256 计算出它的哈希值，然后将其结果在进行 RIPEMD160 运算得出一个 160 比特（20 字节）长度的数字。

$$A = RIPEMD160（SHA256（K））$$

式中，K 是公钥；A 是比特币地址。

比特币地址是以 Base58Check 编码形式展现给用户的，它使用 58 个字符和一个校验码，能够达到方便阅读、避免歧义、防止地址转录及输入时犯错的效果。图 2-9 描述的比特币地址是如何从公钥产生的。这里强调一点，比特币地址的校验码设计得很巧妙，在一定情况下，可以避免用户因为输入错误地址而导致误操作。因为如果输入的地址有误，极有可能无法通过地址校验上，从而就无法进行交易，在一定程度上避免人为误操作，而以太坊的地址设计上并没有这么做。当然，即便是这样，在转账过程中还是要小心确认目标地址是否正确，不要误操作。

除了比特币之外，后续的各种数字货币及区块链应用都离不开密码技术的应用，而对于区块链上的操作几乎都是沿用了比特币密钥生成和操作的过程，只是采用的具体加密算法略有区别而已。

此外，在记录交易账本的数据结构上，比特币也采用了密码学技术，通过哈希算法将交易的数据内容在逻辑上形成不可回溯的链条，进而具有不可随意篡改的数据结构特性。

默克尔树是在区块链中所使用的数据结构。默克尔树属于二叉树的一种，而二叉树是数据结构中的最基本数据模型，并且在计算机领域里得到广泛的使用。

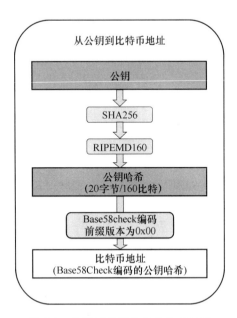

图 2-9　比特币地址的具体生成过程

那么什么是默克尔树？

默克尔树是由一个根节点，一组中间节点和一组叶子节点组成。根节点表示最终的那个节点，且只有一个。叶子节点可以有很多，但是不能再扩散也就是没有子节点了。就像一棵树，由树根长出树干，树干上长出树枝，树枝长出叶子，而叶子上不会再长出叶子。其逻辑结构如图 2-10 所示。

Root：这个就是根节点，所有的子节点汇总到这里，像一棵倒立的树。

Hash：能将任意长度的二进制明文映射为较短的二进制串的算法，也称为"哈希"算法，如 MD5、SHA 系列等，哈希后的结果也称哈希值。

Data0...Data3：这些代表的是具体的原始数据。

B0，B1...B3：这些是把原始数据进行哈希运算后得到对应的哈希值。

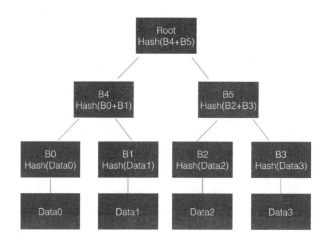

图 2-10 默克尔树的逻辑结构

这里要注意的是，B0 的数据就是 Data0 做哈希运算的结果，也就是 B0 可以作为 Data0 的唯一数据标识，B0 的哈希值对应的是 Data0 这一条数据。

现在重点来了，一个简单的默克尔树就是像图 2-10 中显示的那样，有以下三步：

第一步把最底层的 Data0...Data3 这四条数据，每一条单独进行哈希，得出 4 个哈希值作为叶子节点；

第二步把相邻的两个叶子节点的哈希值拿出来再进行哈希，如 B0＋B1 哈希后得出 B4；

第三步递归执行这样的哈希操作，直到最终哈希出一个根节点，就结束了。

这就是默克尔树的运行原理，在图中展现是：B0＋B1 哈希得出 B4，B2＋B3 哈希得出 B5，B4＋B5 哈希得出 Root 根节点。由于每个节点上的内容都是哈希值，所以也称为"哈希树"。

默克尔树的特性是：默克尔树属于二叉树，而又有自己独特的名字，那么一定是有区别与经典二叉树的特性。其主要有三大特性如下所述。

第一特性：任意一个叶子节点的细微变动，都会导致 Root 节点发生翻天覆地的变化，可以用来判断两个加密后的数据是否完全一样。

第二特性：快速定位修改，如果 Data1 中数据被修改，会影响到 B1、B4 和 Root，当发现根节点 Root 的哈希值发生变化，沿着 Root→B4→B1 最多通过 $O(\log n)$ 时间即可快速定位到实际发生改变的数据块 Data1。

第三特性：零知识证明，它指的是证明者能够在不向验证者提供任何有用的信息的情况下，使验证者相信某个论断是正确的。比如怎么证明某个人拥有 Data0...Data3 这些数据呢？创建一棵如图 2-11 所示的默克尔树，然后对外公布 B1、B5、Root；这时 Data0 的拥有者通过哈希生成 B0，然后根据公布的 B1 生成 B4，再根据公布的 B5 生成 Root，如果最后生成的 Root 哈希值能和公布的 Root 一样，则可以证明拥有这些数据，而且不需要公布 Data1、Data2、Data3 这些真实数据。

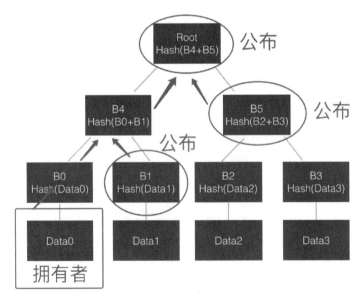

图 2-11　默克尔树

这里，首先介绍一个概念：默克尔路径，图 2-11 中 Root→B4→B1 这就是一条路径，表示从根节点到叶子节点所经过的节点组成的路径。

比特币中，默克尔树被用作归纳一个区块中的所有交易，同时生成整个交易集合的数字签名，且提供了一种校验区块是否存在某交易的高效途径，就是默克尔路径。生成默克尔树需要递归地对各个子节点进行哈希运算，将新生成的哈希节点插入到默克尔树中，直到只剩一个哈希节点，该节点就是默克尔树的根节点。

假设一个区块中有 16 笔交易，根据上文提到的公式 $O(\log n)$ 可以算出 16 的对数是 4，也就是要找到这个区块中的任意一笔交易，只需要 4 次就可以了，它的默克尔路径会保存 4 个哈希值，可能读者们对这个高效率的查找没有认识，我们来看一个统计，如表 2-1 所示。

表 2-1 查找统计数据

交易数	区块大小	路径数	路径大小
16	4 KB	4	128 字节
256	64 KB	8	256 字节
4096	1 MB	12	384 字节
262 144	65 MB	18	576 字节

一笔交易大概 250 字节左右。路径数代表哈希值的数量，路径数是 4 表示这条路径存了 4 个哈希值，每个哈希值是 32 字节。

区块大小＝交易数×250 字节

路径大小＝路径数×32 字节

可以看出，当区块大小由 16 笔交易（4 KB）增加至 262 144 笔交易（65 MB）时，为证明交易存在的默克尔路径长度增长极其缓慢，仅仅从 128 字节到 576 字节。有了默克尔树，一个节点能够仅下载区块头（80 字节/区块，里面包含上一区块头的哈希值、时间戳、挖矿难度值、工作量证明随机数，包含该区块交易的默克尔树的根哈希值),然后通过从一个满节点回溯一条小的默克尔路径就能认证一笔交易的存在,而不需要存储或者传输大量区块链中大多数内容,这些内容可能有几个GB的大小。这种不需要维护一条完整的区块链的节点,又被称为简单支付验证(SPV)节点,它不需要下载整个区块而通过默克尔路径去验证交易的存在。再来献上一张V神(维塔利克·布特林)画的图,在比特币网络中找出了TX3的默克尔路径,如图2-12所示。

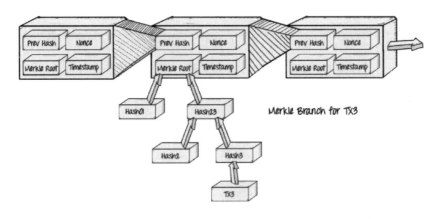

图 2-12 TX3 的默克尔路径

以上介绍了什么是默克尔树,以及它的三个特性和在比特币中的应用。其核心就是将大量数据进行哈希运算后增加其分布式索引性能,通过维持一个较小的高效索引(默克尔路径)进而管理复杂的大量数据。

由此,区块链中,一个区块内的基本结构如图2-13所示。

通过默克尔树以及哈希算法的应用,形成了区块链自身独特的数据结构。比特币通过将一定周期时间内容的交易内容打包,并以默克尔树的形式存储,然后再通过包头存储的自身和前一个哈希值形成了一个逻辑链条,进而实现所有的数据按照一定的时间演进过程存储下来。这也就是为什么将比特币的底层技术抽象出来后,被概括为"区块链"技术的原因。因为,其数据结构的逻辑就是类似于一种将数据打包成"块"后,再由哈希值串联在一起,而数据块的内部除块头信息外，交易的数据都是以默克尔树的形式组织并存储起来的。

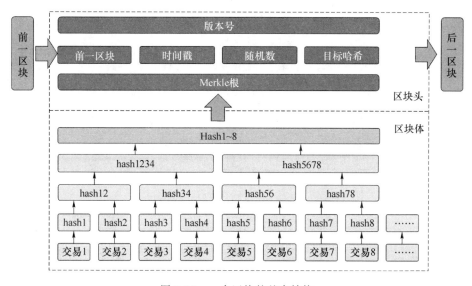

图 2-13　一个区块的基本结构

3. 共识机制

比特币的本质是一个分布式去中心化的数字货币，其愿景是该系统不会被任何国家的央行或者机构所控制。但是一个分布式系统，要想步调一致地完成工作任务，就一定要先解决分布式计算问题。

首先，一致性问题。在分布式系统中，一致性（Consistency，早期也称为 Agreement）是指对于系统中的多个服务节点，给定一系列操作，在协议（往往通过某种共识算法）保障下，试图使它们对处理结果达成某种程度的一致。

如果分布式系统能实现"一致性"，那么对外就可以呈现出一个功能正常，而且性能和稳定性都要好很多的"虚拟处理系统"。

举个例子，某个电影公司旗下有西单和中关村的两个电影院，都出售某电影票，票一共只有一万张。那么，顾客到达某个电影院买票的时候，售票员该怎么决策是否该卖这张票，才能避免超售呢？当电影院个数更多的时候呢？

这个问题在人类社会中，看起来似乎没那么难，英国人不就是通过靠投票达成了"脱欧的一致性"吗？但好像很多人又不太认可这样的投票结果，导致在脱欧的具体细节上议会分歧很大。但如果是由机器来进行投票的话，那么如果结果一旦得出，就应该无条件服从才可以，这些都是由共识算法决定的。可能相对于机器来说，人类会更多地受情感因素影响，在某种情况下，机器会更加理性。

这里需要强调的是，一致性并不代表结果正确与否，而是系统对外呈现的状态一致与否，例如，所有节点都达成失败状态也是一种一致。

在分布式计算领域，一致性问题是最核心的问题。

"中本聪"的发明也是对之前未解决的分布式计算问题（"拜占庭将军问题"）的一个实用解决方案。其问题在于如何在一个不可靠且存在背叛风险的网络中进行信息和价值的交换，并最终达成"共识"。这里的共识是指数据层面的共识，只要最终网络中的参与方对数据能够做到完全一致，即做到了在数据层面"达成共识"，而对于共识的正确性与否不做判断。比特币利用所谓的工作量证明（Proof Of Work，POW）来达成共识是一种重大的创新和突破，它使原有的分布式计算网络能够适用到更广泛的领域，而不是简简单单地在计算领域。比特币可以在去中心化的网络里达成共识并完成转账、支付等交易，这鼓励了人们将从分布式计算衍生出来的分布式账本技术（Distributed Ledger Technology，DLT）应用到选举、博彩、资产登记、资产流转、数据公证等其他各种场景当中。

那么什么是"拜占庭将军问题"呢？

拜占庭将军问题是 Leslie Lamport（2013 年的图灵奖得主）用来为描述分布式系统一致性问题（Distributed Consensus）时在论文中抽象出来的一个著名例子。这个例子大意是这样的：

拜占庭帝国想要进攻一个强大的敌人，为此派出了 10 支军队去包围这个敌人。这个敌人虽不比拜占庭帝国，但也足以抵御 5 支常规拜占庭军队的同时袭击。他们任一支军队单独进攻都毫无胜算，除非有至少 6 支军队（一半以上）同时袭击才能攻下敌国。他们分散在敌国的四周，依靠通信兵骑马相互通信来协商进攻意向及进攻时间。困扰这些将军的问题是，他们不确定他们中是否有叛徒，叛徒可能擅自变更进攻意向或者进攻时间。由于 10 位将军都是战功赫赫，所以谁当总指挥都会有人不服从。谁都觉得自己的作战时间是最好的选择。而且，将军们中间，谁也没办法保证是否有将军已经叛国通敌了，所以也不敢随意去听从其他将军的命令。

在这种状态下，拜占庭将军们怎样才能保证有多于 6 支军队在同一时间一起发起进攻，从而赢取战斗？

除此之外，最关键的问题在于将军们之间距离很远，他们无法坐到一起开会讨论，因为一旦走出了军营，就有可能被叛军或者敌军谋害。而他们所拥有的唯一沟通手段就是通过通信兵来传递各自的信息，从而达到与其他将军之间沟通的目的。在这种情况下，这些将军怎么通过通信兵传递信息，最后达成共识一起行动的问题，就被称为"拜占庭将军问题"。

（注：拜占庭将军问题中并不去考虑通信兵是否会被截获或无法传达信息等问题，即消息传递的信道绝无问题。Lamport 已经证明了在消息可能丢失的不可靠信道上试图通过消息传递的方式达到一致性是不可能的。所以，在研究拜占庭将军问题的时候，已经假定了信道是没有问题的。）

拜占庭假设是对现实世界的模型化，由于硬件错误、网络拥塞或断开以及遭到恶意攻击，计算机和网络可能出现不可预料的行为。拜占庭容错协议必须处理这些失效，并且这些协议还要满足所要解决的问题要求的规范。这些算法通常以其弹性 t 作为特征，t 表示算法可以应付的错误进程数。

拜占庭将军问题是分布式共识的基础，其必须有两个交互性的条件，即一致性和正确性。由于大多数情况下，正确性涉及人的主观价值判断，很难施加到分布式节点上，因此一般共识算法采用的是"降级的正确性"（Degraded correctness），即从"表达的内容是正确的"降级为"正确地表达"，这就导致区块链的拜占庭共识实际上是一种机器共识，其本身等价于分布式一致性 ＋ 正确表达（不篡改消息）。与之相对的是决策共识，可以认为是人的共识，不仅要求一致性，而且要求所有节点相信"表达的内容是正确的"，因而决策共识不仅要求内容的客观一致性，而且还要求其在共识节点间的主观正确性。由此可见，算法共识处理的是客观的二值共识，即对（唯一正确的账本）和错（所有错误的账本），而决策共识处理的是主观的多值共识，即意见 1（及其所属群体）、意见 2（及其所属群体）、……、意见 N（及其所属群体），各节点最终通过群体间的协调和协作过程收敛到唯一意见（共识），而此过程可能失败（不收敛）。因此，最早在《经济学人》杂志上刊登的文章称为"机器的信任"，其更多的是指机器与机器之间的信任，而不是指机器与人之间的信任。

早期的共识算法一般也称为分布式一致性算法。与目前主流的区块链共识算法相比，分布式一致性算法主要面向分布式数据库操作，且大多不考虑拜占庭容错问题，即假设系统节点只发生宕机和网络故障等非人为问题，而不考虑恶意节点篡改数据等问题。1988 年，麻省理工学院的布莱恩·奥奇（Brian M. Oki）和芭芭拉·里斯科夫（Barbara H. Liskov，著名计算机专家、2008 年图灵奖得主）提出了 VR 一致性算法，采用主机-备份（Primary-Backup）模式，规定所有数据操作都必须通过主机进行，然后复制到各备份机器以保证一致性。1989 年，莱斯利·兰伯特（Leslie Lamport）在工作论文"The part-time parliament"中提出 Paxos 算法，由于文章采用了讲故事的叙事风格且内容过于艰深晦涩，直到 1998 年才通过评审、发表在 ACM transactions on computer systems 期刊上。Paxos 是基于消息传递的一致性算法，主要解决分布式系统如何就某个特定值达成一致的问题。随着分布式共识研究的深入，Paxos 算法获得了学术界和工业界的广泛认可，并衍生出 Abstract paxos, Classic paxos, Byzantine paxos 和 Disk paxos 等变种算法，成为解决异步系统共识问题最重要的算法家族。实际上，Liskove 等人提出的 VR 算法本质上也是一类 Paxos 算法。需要说明的是，VR 和 Paxos 算法均假设系统中不存在拜占庭故障节点，因而是非拜占庭容错的共识算法。除以上共识算法外，获得较多研究关注的早期共识算法还有两阶段提交（Two-phase commit）算法、三阶段提交（Three-phase commit）算法、Zab、Zyzzyva、Kafka 等各种一致性算法。

在"中本聪"看来，任何共识的达成都是要付出代价的，在所有的将军地位平等的情况下，不可能你说了，别人就都来听你了，无组织的低成本沟通最后的结果就是谁说的话都不会成为共识。

那么如何使将军能够达成所谓的"共识"呢。"中本聪"的方法是通过大家来争夺话语权的方式来达到脱颖而出，从而在一个周期内所有人服从具有话语权的一方。比如大家围成一圈，在 10 分钟之内，谁做的俯卧撑最多、谁吃的包子最多等，都算作一种所谓的"工作量"。在大家的鉴证下，10 分钟之内，谁做得"工作量"最多，就听谁的。而在比特币当中，是让"将军"们做数学题，10 分钟之内，谁做得最快最好，就由谁来当 Leader，Leader 把自己的命令发送给其他的将军，如："凌晨 5 点，发起总攻，代码 0501"，那么其他"将军"在收到这条信息后，会对信息的真伪进行验证，验证通过后就把自己的指纹签名信息带上并转发给所有其他将军。最后，大家都会拿到一张带有超过半数的将军指纹签名的信息，并对结果达成共识。

可是为什么大家要验证 Leader 的计算结果并签名呢？这是因为事成之后，所有签过名的将军会瓜分城池内的所有财富，这就是比特币设计中的奖励机制。

这里面还有一个问题，就是怎么证明一条传过来的电报真的是出自某位将军的手笔呢？这就是指纹的作用，指纹是每个人的唯一标识，别人都无法伪造，也就防止别有用心的人伪造其他将军的手笔了。

就这样，在"中本聪"给出的方案下，通过签名机制保证了信息的真实归属；通过工作量机制，降低了无效的交流，选举出了一定周期内的意见领袖，同时发消息的人需要很大的代价来争夺话语权，也降低了叛徒发无效意见的概率；通过奖励机制，保证了大家都愿意参与到决策过程中，并把决策传给下一个人。困惑了计算机界30年的拜占庭问题，被解决了。

计算机科学领域的早期共识研究一般聚焦于分布式一致性，即如何保证分布式系统集群中所有节点的数据完全相同并且能够对某个提案达成一致的问题，是分布式计算的根本问题之一。虽然共识（Consensus）和一致性（Consistency）在很多文献和应用场景中被认为是近似等价和可互换使用的，但两者的含义存在着细微的差别：共识研究侧重于分布式节点达成一致的过程及其算法，而一致性研究则侧重于节点共识过程最终达成的稳定状态；此外，传统分布式一致性研究大多不考虑拜占庭容错问题，即假设不存在恶意篡改和伪造数据的拜占庭节点，因此在很长一段时间里，传统分布式一致性算法的应用场景大多是节点数量有限且相对可信的分布式数据库环境。与之相比，区块链系统的共识算法则必须运行于更为复杂、开放和缺乏信任的互联网环境下，节点数量更多且可能存在恶意拜占庭节点。因此，即使像各种基于Paxos的分布式一致性算法早在20世纪80年代就已经提出，但是如何跨越拜占庭容错这道鸿沟、设计简便易行的分布式共识算法，仍然是分布式计算领域的难题之一。

另外，在针对区块链技术的具体应用中，共识算法还被分类成两个部分，第一部分称为算法共识，第二部分称为决策共识。

算法共识主要指针对某一种应用场景所选用的计算方式。如：POW算法中所采用的哈希算法等具体计算方法（比特币与以太坊所采用的哈希算法是不一样的）。

而决策共识主要包括如何选取共识节点、验证节点的轮换或者随机抽取，甚至有结合业务的情况根据所持有的代币多少来进行选取验证节点的方式。如：EOS 就根据所持有的代币来竞选超级节点，并由超级节点作为共识的验证节点。

算法共识更贴近于经典的共识模型和理论，决策共识往往会更贴近于应用场景，强调节点之间的博弈与协作。

中国科学院自动化研究所，青岛智能产业技术研究院平行区块链技术创新中心团队在《共识简史——区块链发展历程中的共识算法》一文中详细介绍了主流区块链共识算法，引述如下。

1993 年，美国计算机科学家、哈佛大学教授辛西娅·德沃克（Cynthia Dwork）首次提出了工作量证明思想，用来解决垃圾邮件问题。该机制要求邮件发送者必须算出某个数学难题的答案来证明其确实执行了一定程度的计算工作，从而提高垃圾邮件发送者的成本。1997 年，英国密码学家亚当·伯克（Adam Back）也独立地提出，并于 2002 年正式发表了用于哈希现金（Hash cash）的工作量证明机制。哈希现金也是致力于解决垃圾邮件问题，其数学难题是寻找包含邮件接受者地址和当前日期在内的特定数据的 SHA-1 哈希值，使其至少包含 20 个前导零。1999 年，马库斯·雅各布松（Markus Jakobsson）正式提出了"工作量证明"概念。这些工作为后来"中本聪"设计比特币的共识机制奠定了基础。

1999 年，Barbara Liskov 等提出了实用拜占庭容错算法（Practical Byzantine fault tolerance，PBFT），解决了原始拜占庭容错算法效率不高的问题，将算法复杂度由指数级降低到多项式级，使得拜占庭容错算法在实际系统应用中变得可行。PBFT 实际上是 Paxos 算法的变种，通过改进 Paxos 算法使其可以处理拜占庭错误，因而也称为 Byzantine paxos 算法，可以在保证活性（Liveness）和安全性（Safety）的前提下提供 $(n-1)/3$ 的容错性，其中 n 为节点总数。

2000年，加利福尼亚大学的埃里克·布鲁尔（Eric Brewer）教授在 ACM symposium on principles of distributed computing 研讨会的特邀报告中提出了一个猜想：分布式系统无法同时满足一致性（Consistency）、可用性（Availability）和分区容错性（Partition tolerance），最多只能同时满足其中两个。其中，一致性是指分布式系统中的所有数据备份在同一时刻保持同样的值；可用性是指集群中部分节点出现故障时，集群整体是否还能处理客户端的更新请求，分区容忍性则是指是否允许数据分区，不同分区的集群节点之间无法互相通信。2002年，塞斯·吉尔伯特（Seth Gilbert）和南希·林奇（Nancy Lynch）在异步网络模型中证明了这个猜想，使其成为 CAP 定理或布鲁尔定理。该定理使得分布式网络研究者不再追求同时满足三个特性的完美设计，而是不得不在其中做出取舍，这也为后来的区块链体系结构设计带来了影响和限制。

2008年10月，"中本聪"发表的比特币创世论文催生了基于区块链的共识算法研究。前文所提到的传统分布式一致性算法大多应用于相对可信的联盟链和私有链，而面向比特币、以太坊等公有链环境则诞生了 PoW、PoS 等一系列新的拜占庭容错类共识算法。

比特币采用了 PoW 共识算法来保证比特币网络分布式记账的一致性，这也是最早和迄今为止最安全可靠的公有链共识算法。PoW 的核心思想是通过分布式节点的算力竞争来保证数据的一致性和共识的安全性，比特币系统的各节点（即矿工）基于各自的计算机算力相互竞争来共同解决一个求解复杂但是验证容易的 SHA256 数学难题（即挖矿），最快解决该难题的节点将获得下一区块的记账权和系统自动生成的比特币奖励。PoW 共识在比特币中的应用具有重要意义，其近乎完美地整合了比特币系统的货币发行、流通和市场交换等功能，并保障了系统的安全性和去中心性。然而，PoW 共识同时存在着显著的缺陷，其强大算力造成的资源浪费（主要是电力消耗）历来为人们所诟病，而且长达 10 分钟的交易确认时间使其相对不适合小额交易的商业应用。

2011 年 7 月，一位名为 Quantum Mechanic 的数字货币爱好者在比特币论坛（www.bitcointalk.org）首次提出了权益证明 PoS 共识算法。随后，Sunny King 在 2012 年 8 月发布的点点币（Peercoin，PPC）中首次实现。PoS 由系统中具有最高权益而非最高算力的节点获得记账权，其中权益体现为节点对特定数量货币的所有权，称为币龄或币天数（Coin days）。PPC 将 PoW 和 PoS 两种共识算法结合起来，初期采用 PoW 挖矿方式以使得 Token 相对公平地分配给矿工，后期随着挖矿难度的增加，系统将主要 PoS 共识算法维护。PoS 一定程度上解决了 PoW 算力浪费的问题，并能够缩短达成共识的时间。因而比特币之后的许多竞争币都采用 PoS 共识算法。

2013 年 2 月，以太坊创始人 Vitalik Buterin 在比特币杂志网站详细地介绍了 Ripple（瑞波币）及其共识过程的思路。Ripple 项目实际上早于比特币，2004 年就由瑞安·福格尔（Ryan Fugger）实现，其初衷是创造一种能够有效支持个人和社区发行自己货币的去中心化货币系统。2014 年，大卫·施瓦尔茨（David Schwartz）等提出了瑞波协议共识算（Ripple Protocol Consensus Algorithm，RPCA），该共识算法解决了异步网络节点通信时的高延迟问题，通过使用集体信任的子网络（Collectively-trusted subnetworks），在只需最小化信任和最小连通性的网络环境中实现了低延迟、高鲁棒性的拜占庭容错共识算法。目前，Ripple 已经发展为基于区块链技术的全球金融结算网络。

2013 年 8 月，比特股（Bitshares）项目提出了一种新的共识算法，即授权股份证明算法（Delegated Proof-of-Stake，DPoS）。DPoS 共识的基本思路类似于"董事会决策"，即系统中每个节点可以将其持有的股份权益作为选票授予一个代表，获得票数最多且愿意成为代表的前 N 个节点将进入"董事会"，按照既定的时间表轮流对交易进行打包结算、并且签署（即生产）新区块。如果说 PoW 和 PoS 共识分别是"算力为王"和"权益为王"的记账方式的话，DPoS 则可以认为是"民主集中式"的记账方式，其不仅能够很好地解决 PoW 浪费能源和联合挖矿对系统的去中心化构成威胁的问题，也能够弥补 PoS 中拥有记账权益的参与者未必希望参与记账的缺点，其设计者认为 DPoS 是当时最快速、最高效、最去中心化和最灵活的共识算法。

2013 年，斯坦福大学的迭戈·翁伽罗（Diego Ongaro）和约翰·奥斯特豪特（John Ousterhout）提出了 Raft 共识算法。正如其论文标题《In search of an understandable consensus algorithm》所述，Raft 的初衷是为设计一种比 Paxos 更易于理解和实现的共识算法。要知道，由于 Paxos 论文极少有人理解，Lamport 于 2001 年曾专门写过一篇文章《Paxos made simple》，试图简化描述 Paxos 算法但效果不好，这也直接导致了 Raft 的提出。目前，Raft 已经在多个主流的开源语言中得以实现。

4. 区块链的优点与缺陷

1）技术优点

（1）难以篡改

以比特币为例，理论上需要掌握了 50％以上的全网算力，才有可能篡改链上的数据。目前，比特币全网节点有数千个，遍布世界各地，可以在一定程度上保障系统的不间断运行。区块链技术的架构模型采用的是分布式网络，对数据采取的冗余存储给黑客攻击带来了更大的难度，使数据被恶意篡改的难度大大增加。而当某一个节点的数据被篡改时，被篡改的数据是无法在网络中进行交易的，因为所有的交易都需要经过节点的交易认证，认证通过后才能够将交易确认并写入各个节点。

（2）开放透明

在比特币网络中，任何人都可以竞争记账权或者加入某个矿池参与挖矿，只要挖矿成功，任何人都可以获得奖励。这在传统的相对封闭的信息系统中几乎是不可能的。一般机构绝对不可能让其他人随便加入系统，参与它的运行，即便是使用这个系统，也需要一个烦琐的登录验证以及权限控制逻辑来限制用户的使用。作为自由开放的网络体系，比特币欢迎任何人带着算力参与记账权竞争。从技术演进角度看，这是一个重大的进步。

另外，目前市面上所有主流区块链网络都是采用的开源策略，这主要是由于区块链技术本身就宣扬公开、透明的理念，同时也对区块链技术的发展提供了更少的约束限制，使人们更容易了解、使用、研究、改进这项新技术。

（3）链上数据具有可信性

数据的难以篡改保证了数据的可信度，可信的结果就是我们可以基于这些可信数据，实现各种数据的应用及交易。区块链上的数据可信性可以通过区块链哈希和交易哈希实现快速验证，一旦链上的数据能够做到快速验证，任何的参与方都可以自己对交易的数据进行验证，不必经过第三方或者中介方来进行验证，这样就大大降低数据征信的技术门槛，使参与方对链上数据更加可信。

（4）容错性强

区块链技术通过共识算法来保证网络中各节点数据的高度一致，每一个全节点都会维护一个完整的数据副本。如果某个节点遇到网络问题、硬件故障、软件错误、甚至黑客攻击，都不会影响整个系统对外提供的服务以及其他参与节点。任意节点可以根据自身情况，随时加入或退出网络，当节点再加入系统时，也会自动完成数据的同步工作，不存在依赖于某一个或者某几个节点的情况。所以每个节点可以有选择地下线，进行系统例行维护，同时还能保证整个系统的 7×24 小时不间断工作。从架构模型的角度看，整个网络中的节点数越多，其容错能力越强，对数据的安全就越有保障。

2) 技术缺陷

(1) 性能瓶颈

目前比特币的成交至少要等 10 分钟，有时候要等 1 个小时以上，这是许多人不能容忍的。虽然这其中存在着设计着期初设计时的考量，但从目前的应用上看，性能问题的确限制了以比特币为代表的区块链技术的应用。

区块链技术的理念之一是分布式共享，但如果要在近万个节点之间交换数据、确认信息、达成共识、同步存储数据，速度自然就快不了，效率不会很高。因此，在性能问题上，分布式的架构设计一般不会超过中心化的架构。目前，很多解决性能的办法都是牺牲分布式架构的设计，采用分布式与中心化混合的方式来提高性能。

(2) 隐私保护

比特币的整个账本是公开的，其设计巧妙的地方在于其账户是匿名的，只有比特币地址。一旦采用用户实名的时候，如果有些人/机构不愿意自己的资金交易被全网看到，尤其是大额交易，那么该如何处理？因此，隐私保护成为了区块链技术的一个重要的研究方向，目的是既能保护交易双方之间的隐私，又能做到交易信息的验证与确认，使用户在不透露敏感信息的情况下，就能完成交易。

(3) 安全问题

区块链技术发展与变化非常的迅猛，不断有新的技术和特性被提出和应用，但对其技术的安全考虑一直都是悬在头上的一把利剑。由于很多区块链技术应用都牵扯金融或相关场景，其安全性就更受人重视。如区块链技术中的智能合约，其代码是公开部署到区块链节点上的，这大大降低了黑客攻击的难度，带来巨大的风险。而一旦智能合约代码中出现了逻辑漏洞或者其他安全漏洞，就可能造成巨大的损失。比如 The DAO 被黑事件，黑客利用 The

DAO 智能合约的安全漏洞，从合约管理的 ETH（以太坊）中划走 360 万个 ETH（以太币），并最终造成整个以太坊网络的硬分叉。

（4）治理缺失

由于区块链技术强调公开透明，且多以社区的组织形式存在。而这些组织往往比较松散，大家协助一般是通过兴趣、理念、信仰来驱动的，这就导致一旦遇见突发情况，行动力和执行力会很差。社区中的各个角色都会从自身的利益出发，优先考虑个人利益的得失，从而导致重大决策的低效和混乱，甚至造成分裂。例如，在 The DAO 这样的突发事件处理过程中，由于缺乏有效的治理机制，只能通过软分叉或者硬分叉来解决问题。

（5）互操作性问题

互联网经过多年的应用和发展，已经形成了各种互操作标准。在通信层面，互联网可以通过 TCP/IP 协议作为基础来实现信息的互联互通。在应用层面，可以通过 HTTP 协议实现各种应用服务之间的信息互通。而区块链作为新一代价值互联网，暂时并没有通用的协议，目前都还是社区自组织模式，而跨链互操作没有统一的规范，在很大程度上限制了应用创新。类似于互联网技术，这种互操作的协议往往不是由设计者设计出来，最终能够得到最广大用户认可的协议往往会成为事实的标准。由于区块链技术还处于早期发展阶段，在短时间内，区块链领域还不具备产生统一互操作标准的条件。

5. 总结与思考

区块链技术的本质是一个由点对点通信构成的分布式网络共享账本。在这个网络里，多个参与方之间通过现代密码学、分布式一致性协议、点对点通信以及后来的智能合约等技术机制，来实现数据的交换、处理、存储。同时区块链技术还在不断地发展和演进，各种新的技术、实现和理念还在不断地加入区块链技术当中。因此，区块链并不是一种单一的技术，而是将已有的各种技术结合，形成一套完整的解决方案，从而实现如多中心化、不可篡改、不可撤销、信任传递等特性。区块链的核心技术主要包括点对点的网络、共识算法、独特的账本数据结构、智能合约。

点对点网络通过其技术实现网络上的各个节点地位的平等，不存在任何特殊化的节点和层级结构，每个节点都会承担网络数据的交换、数据区块的验证等工作。一般情况下，网络中的节点可以动态加入，加入的节点越多，网络的信任机制就越强。

一般情况下，在区块链技术应用当中，P2P网络上的各个节点所存储的数据具有强一致性。也就是说，所有网络节点的数据要保持一致，那么如何保证节点的数据的一致性就是通过共识算法来实现的。不同的区块链网络可能采用不同的共识算法来实现。如公有链中，采用POW、POS等共识算法，许可链或者联盟链网络中，采用PBFT、Raft等一致性共识算法。不论采用哪种算法，最终的目的都是为了保证网络上的节点数据具有一致性。一旦数据达成共识，记账节点就将生成的区块广播到整个网络中，这样全网都保存了已达成共识的数据，从而防止数据被恶意篡改。

区块链的数据结构相较于传统的数据库有所不同，它采用的是一种块链结构。也就是说，区块链网络上的节点，通过共识将一段时间内的交易打包成一个区块，并广播到整个网络，并且通过区块的哈希值，将各个区块链连接起来。这样的数据结构，保证数据具有时间序列的特性，且数据一旦写入就由多方存储，不可篡改和删除，只能添加和查询数据。上链数据往往采用密码学机制，保证数据真实可靠。

另外，智能合约也算是区块链技术在演进过程中的重要特性之一，其本质是一种计算机指令，这些指令一旦编写或部署到区块链上，就能够实现自我验证和执行，并且不需要人为的干预。好比银行就是通过智能合约机制来帮我们实现账户的管理的，对账户的操作需要通过银行的授权，离开银行的监管，用户是无法实现最简单的存取款操作的。

因此，通过区块链特有的技术特点，能够实现网络上数据的信用价值的共享与传递。通过区块链的不可撤销，不可篡改特性，保证上链数据的真实可靠。

6. 参考文章

P2P 技术原理：http://www.360doc.com/content/14/0305/17/8285430_357987074.shtml

关于 BT 技术的背景介绍：https://zhuanlan.zhihu.com/p/26853636

《Mastering Bitcoin：Unlocking Digital Cryptocurrencies》

区块链技术十周年：回眸与前瞻：

https://mp.weixin.qq.com/s/S6G13XDuDg5lt-gkOU9MiA

第 3 章
如何应用区块链技术

1. 信任机器

(1) 莱布尼茨之梦

1646年,莱布尼茨出生于德国的莱比锡。那时候德意志还没有统一,由1000多个自治单元组成,经历了30年战争,直到1648年才结束。莱布尼茨的父亲是莱比锡大学的哲学教授,在其6岁时就去世了。但他注定是个伟大的数学家,8岁时就开始阅读父亲图书馆中的藏书,可以熟练地阅读拉丁文书籍。

在当时的德国,即便是欧几里得的初等几何也是一门高等学科,通常只是在大学阶段才开始学习。然而当莱布尼茨10岁时,他的老师就把亚里士多德于2000年前提出的逻辑系统介绍给了莱布尼茨,这门学科唤起了他的数学激情。他有个奇思妙想,希望寻求一张特殊的字母表,其元素表示的不是声音而是概念。有了这样的一个符号系统,我们就可以发出一种语言,我们仅凭符号演算,就可以确定用这种语言写成的哪些句子为真,以及它们之间存在着什么样的逻辑关系。

除了数学，莱布尼茨对法学也有研究。而事实上，莱布尼茨在莱比锡写的学士论文就是关于亚里士多德形而上学的，他还获得了一个法律学士学位，在一次论文中他强调系统性的逻辑在法律方面的应用。在继续法律研究的过程中，莱布尼茨为获得莱比锡大学的法律博士学位所写的一篇论文当中，他的主要观点就是用推理来解决那些用一般方法难以处理的法律案件。由于种种原因，莱比锡大学没有接受这篇论文，于是他就把论文转交给纽伦堡附近的阿特道夫（Altdorf）大学，在那里他的论文获得一致的好评。

30年战争使得法国成为欧洲大陆的霸主。坐落于莱茵河畔的美因茨在战争期间就偿到过被军事占领的滋味。因此，美因茨人非常清楚阻止敌人采取军事行动以及与法国保持良好关系的重要性。正是在这种情况下，莱布尼茨策划说服路易十四及其幕僚意识到把埃及作为军事目标的巨大利益。莱布尼茨于1672年来到巴黎，并在1673年访问伦敦时展示了一台能够执行四种算术基础运算的计算机模型，这使得他被一致推选为伦敦皇家学会会员。这台机器包括一个关键部件——莱布尼茨轮，直到20世纪，这一部件仍在计算装置上被普遍使用。

莱布尼茨的机器只能做普通的算术，但他却把握住了机器演算更为深广的含义。1674年，他描述了一种能够解代数方程的机器。一年之后，他为这种机器装置写了相应的逻辑推理，即把推理还原为一种演算，并且最终制成能够完成这些演算的机器。1675年，莱布尼茨即将离开巴黎，就在这一年的最后几个月中，他用极限过程实现了概念和计算上的一连串突破，所有这些工作即被称为他所发明的"微积分"。

莱布尼茨发现，计算面积和变化率的问题从某种意义上说很有代表性，因为许多不同种类的问题都可以还原为这两类问题中的某一类。例如，确定体积和重心的问题属于第一类问题，而计算加速度和边际弹性的问题属于第二类问题。

他还认识到，求解这两类问题的数学运算实际上彼此互为逆运算，这在很大程度上就如同加法和减法，乘法和除法之间彼此互为逆运算一样。今天这些运算分别被称为积分和微分，他们彼此相反即我们熟悉的"微积分基本原理"。

莱布尼茨为这些运算发明了一套恰当的符号运算系统（这些符号一直沿用至今），∫表示积分，d 表示微分。(表示积分的符号∫其实是字母"S"的变形，暗示"和"（sum）；符号"d"暗示"差异"（difference））。

这些发现把对极限过程的应用从一种只有少数几位专家能懂的奇特方法，变成了一种可以在教科书中向成千上万人讲授的直截了当的技巧。∫和 d 这些符号并不像一种语音符号系统那样代表着毫无意义的声音，而是代表着概念，人们通过一定的思维计算训练，可以不必考虑符号所代表的含义，就能够计算出表达式的结果，从而使这种符号推演的方法充满了独特的魅力。关于牛顿和莱布尼茨之间各自独立发明微积分的过程，并相互之间口诛笔伐已有很多记载。但在积分中所使用的一些技巧（如：置换法）在莱布尼茨的符号系统里实际上是必然出现的，而在牛顿的符号系统中则更为复杂。甚至有人指出，由于盲目地固守其民族英雄的方法，牛顿的英国追随者们对微积分的发展远远落后于其同时代的大陆同行。

莱布尼茨少年时的奇思妙想，即找到一个人类思想的真正符号系统以及操纵这些符号的恰当的演算工具的梦想是怎样的呢？他很清楚，算术和代数中使用的特殊符号、化学和天文学中使用的符号以及他为微积分运算所引入的符号都提供了范例，说明一个真正合适的符号系统是多么重要。他使这样一个符号系统成为真实的文字，每个符号都以一种自然而恰当的方式表示某个确定的观念。他认为，我们需要的是一个不仅真实，而且包含了人类全部思想领域的符号系统。莱布尼茨称算术和代数表明了一个恰当的符号系统的重要性。他认为我们今天在使用的以 0～9 这几个数字为基础的阿拉伯符号系统，对日常计算来说，大大优于早先的罗马数字系统。当他发现任何数都可以仅仅用 0 和 1 表示出来即二进制时，他被这一系统的简洁所震撼。他坚信揭示出数的深层性质是有用的。尽管这一信念在当时最终未能证明其合理，但考虑到这种二进制记法与现代计算机之间的关联，莱布尼茨的这种想法是非同寻常的。

莱布尼茨的宏伟计划主要分为三部分。首先，在合适的符号被选择出来之前，有必要创造一套涵盖人类知识全部范围的纲要或百科全书。一旦完成了这一步，对其背后的关键观念进行选择，并为其中的每一个提供恰当的符号就成为可能。最后，演绎规则可以还原为对这些符号的操作，也就是所谓的"推理演绎"，或者"符号逻辑"。今天看来，莱布尼茨在当时是很难凭借一己之力完成这样宏大的计划的，但让我们难以理解的是，他是如何能够坚定地相信我们所处的复杂世界最终可以归结为一种符号演算的。

(2) 布尔把逻辑变成代数

从莱布尼茨到乔治·布尔，需要把时间推后两个世纪。1815 年 11 月 2 日，乔治·布尔出生于英国东部的林肯镇，是四个孩子中的老大。他的父母约翰·布尔和玛丽·布尔在结婚的头 9 年一直没有孩子。约翰·布尔是一个补鞋匠，他靠这点生意勉强维持生计，但却对知识特别是科学仪器有着极大的兴趣。作为家中的长子，乔治·布尔很早就挑起了家中的重担，同时他又有着天才的头脑。家里很早就发现了他的才能，但由于家境窘迫，没有钱让他去接受正规的教育。于是，在父亲的帮助指导下，乔治·布尔主要依靠自学成才。布尔不仅学习了拉丁语、希腊语、法语、德语，而且还能用这些语言写出数学论文。由于父亲生意的破产，他不得不成为家庭的经济支柱，当他在一所离家 40 英里以外的公会学校当一名老师时，他还不满 16 岁。两年后，他就因为对工作不够敬业而被解雇。也就是在这期间，他开始深入研究数学，甚至在做礼拜时也是如此。后来，他在回忆早年的这段生活时解释说，由于买书的钱非常有限，他发现看完数学书要比看其他的书花费更长的时间。

在布尔的早期著作中，他把代数方法应用于那些被数学家称为"算子"的对象上。他们对普通代数的表达式进行"运算"，以形成新的表达式。布尔对"微分算子"特别感兴趣，这些微分算子被认为具有特殊的重要性，因为物理世界中的许多基本定理都具有微分方程（即包含微分算子）的形式。布尔说明了某些微分方程如何可能通过把普通代数方法应用于微分算子而得到解决。今天，理科或者工科的学生会在大一大二的课程中学到这些方法。

布尔的逻辑体系不仅包含了亚里士多德的逻辑，而且还远远超过了它。但这距离实现莱布尼茨的梦还很遥远。把布尔的代数用作一个演算规则的系统是非常直接的，我们也许可以说，在其界限之内，它提供了莱布尼茨曾经寻求的微积分推理演算。乔治·布尔的伟大成就是一劳永逸地证明了逻辑演绎可以成为数学的一个分支。尽管在亚里士多德的先驱工作之后，逻辑学上曾经有过某些发展，但从布尔开始，数理逻辑就一直处于连续不断的发展之中。

莱布尼茨设想有这样一种语言，他不仅能够进行逻辑演绎，而且也能自动包含科学与哲学中的一切真理。但在实际的探究过程中，人们发现，并没有这样的一般方法存在。对于莱布尼茨来说，这是一个糟糕的消息，然后，就是在这个过程中，阿兰·图灵发现了某种莱布尼茨信息的东西——他发现原则上可能设计出一种通用机器，他能够执行任何可能的计算。

图灵知道，一种算法往往是通过一系列规则说明的，人们可以以一种精确的机械方式遵循这些规则，就像按照菜谱做菜一样。但图灵把关注的焦点从这些规则转移到了人在执行它们的实际所做的事情。他能够说明，通过丢掉非本质的细节，人们可以局限在少数几种几位简单的基础操作上，而不会改变最终的计算结果。

自莱布尼茨的时代起，甚至更早一些时候，人们一直在对演算机器进行思考。在图灵之前，一般的想法是，对于这种机器来说，机器、程序和数据这三种范畴是完全分离的。机器是一种物理对象，今天我们把它称为硬件；

程序是做计算的方案,而数据则是数值的输入。图灵的通用机表明,这三种范畴的相互分离是一种错觉。图灵机开始被看成是一台拥有机械部件的机器。他在通用机纸带上的代码数则有程序的功能,它为通用机详细指明了执行适当计算所需要的指令。最后,通用机在一步步的运转中把机器代码的数字仅仅看成需要进一步处理的数据。这三个概念之间的转换对于现在的计算机来说是非常基本的。用一种现代编程语言所写成的程序,对于处理它以使其指令能够得到执行的解释程序或汇编程序来说就是数据。事实上,图灵的通用机本身就可以看成是一个解释程序,因为它是通过一连串五元组来执行它们所标明的任务的。

当《经济学人》杂志,将区块链技术形容为信任的机器的时候,我们依稀能够看到,莱布尼茨的梦想又往前迈出了一大步。

当比特币被人们所关注的时候,很多情况下,比特币被应用在敲诈勒索、暗网集市交易,并被怀疑用于购买军火、毒品以及作为洗钱工具。因此,比特币一直以来都有着不太好的名声。另外,由于比特币一直价格波动较大,因此,有人为其投入极大的热情并从中牟利,而有些人的投资则损失惨重。

从某种情况讲,这些比特币的应用都是事实,的确有很多的比特币应用存在着灰色甚至黑色的可能。但不应因为比特币负面应用而否定甚至忽视了奠定其底层基础的区块链技术的巨大潜力和价值。通过比特币的思路,可以应用区块链技术构建新的价值系统,其意义会远超于加密货币本身。

区块链可以让人们在互不信任,在没有中立中央机构的情况下,能够做到互相协作。简单地说,它是一台创造信任的机器。

要想了解区块链系统的作用和能力,以及它到底能做些什么,必须首先要区分大众经常混淆的三个概念,它们分别是:以比特币为代表的数字货币、支撑比特币等数字货币技术的区块链技术以及由比特币及底层区块链技术所衍生出来的区块链思想或者概念。

比如 Napster，是一家创始于 1999 年的公司，也是 P2P 文件共享服务的开拓者，但由于它提供了数以百万计免费的音乐曲目下载服务，后被定义为非法，因此被迫关闭相关服务。Napster 公司被迅速关闭处理，启发了很多其他的 P2P 服务。尽管 P2P 技术的来历不明，但它也找到了合法的用途，例如 Skype 和 Spotify 这样的互联网创业公司，就独辟蹊径，可以为用户提供良好的服务，并有持续的商业运营模式。同样的，这也发生在了比特币的身上。

区块链是一个更为有效的技术，它在本质上，是一个共享、可信的公共总账，任何人都可以对它进行核查，但单一的用户无法对它进行控制。在区块链系统中的参与者们，会共同维持总账的更新，它只能按照严格的规则和共识来进行修改。比特币的区块链总账防止了"双花"（重复消费）的发生，不断跟踪着交易。这也使得没有中央银行的货币成为了可能。

区块链也是密码学意外成果的最新例证。数学加密被用于浓缩原始片信息，转换成一个码，被称为一个哈希散列。任何企图篡改任何部分区块链的行为都会立即暴露，因为新的哈希与旧的是不匹配的。这样一门科学，能让信息保持机密性（对于加密消息、在线购物以及银行而言是重要的），自相矛盾的是，它也是开放式交易的一种工具。

比特币本身可能会永远限于一个好奇型的事物。然而，区块链则有着许多其他的用途，因为它满足了可信赖记录的需求，这对于每一种类型的交易来说，是重要的。现在，已有无数家创业公司希望利用区块链技术改变世界，无论是在比特币区块链上做文章，还是创建属于自己的新区块链。

以金融服务业为主的公司正在考虑使用区块链作为记录谁拥有了什么的方式，从而取代一系列的内部总账记录。一个值得信赖的私有总账，可以省去核对每笔交易对账的需求，它速度快，并且能够最大限度地减少对账错误。桑坦德银行估计到 2022 年，区块链每年可能至少为银行业省去 200 亿美元的费用。目前，已有多家银行及金融机构加入了一家区块链创业公司所创建的区块链联盟，称为 R3 CEV，一起制定共同的行业区块链标准。

此外，纳斯达克也即将开始尝试利用这项技术，用于记录私营企业的证券交易。

这些新的区块链，不需要像比特币那样的方式进行工作。它们之中有许多，可以调整自己的模型，例如，寻找"挖矿"过程的等价替代维护方式。一些行业的审查参与者们，可能会选择加入一条私链，因为他们需要的安全性并不高。区块链还可以实现商业规则，例如交易只当两方或多方认可时才会发生，或者另一笔交易已首先完成。正如 Napster 和 P2P 技术，一个聪明的想法正在被修改与完善。在这个过程中，区块链技术也正迅速地摆脱比特币阴暗的声誉。

区块链的推广和传播，可能不利于某些产业的已有既得利益者，即使一些银行、金融机构、甚至政府在试图探索利用这项新技术时候，也总会有人试图反对或者否定它。不过，考虑到政府和银行近年来一直试图通过技术改变金融系统的信息对称以及监管的力度，作为一种可创造更多监督和透明度的方式，区块链技术的应用和普及可能也并不是什么坏事。

就目前情况来说，在区块链技术发展的早期阶段，拟定专门针对区块链技术监管的法规将是不可取的。P2P 技术的历史告诉我们，这项技术的全部潜力要变得清晰，至少还需要几年的时间。在此期间，监管机构应放开他们的双手，或想办法在现有框架内制定新的办法，而不是过于死板地冒险扼杀这种新技术快速发展的想法。

共享式公共总账的概念，听起来可能没那么具有革命性和颠覆性。但复式记账和股份制公司也同样如此。而区块链，就像它们一样，正在经历一个明显世俗的过程，但它有潜力改变人与人、人与机构、机构与机构之间的合作方式。

比特币以及数字货币的宣扬者往往极度强调自由意志的重要性，即数字货币能够超越任何央行的这种理想。但真正的创新不仅仅只是数字货币本身，而是铸造出更广泛的信任机器。[①]

2. 区块链的信任从何而来

人们常说的区块链解决了信任问题，是信任的机器。那么，到底区块链是如何解决信任的问题的？区块链的信任是从何而来的呢？

首先，信任从数学和密码学而来。人类相信的是科学，是数学，是被无数科学家、数学家、密码学家证明过的公式定理。区块链技术并不是基础科学，它只是对几种基础技术的整合与应用。推动我们现实世界发展的核心基础依然是数学、物理等基础学科，其他应用技术都是这些基础学科的衍生和发展。

在密码学里，完全随机的随机数生成函数，保证了每次都会生成真正不同的随机数。这在密码学科里已经被广泛证明和认可。这样，在数字钱包的使用过程中，每次使用数字钱包，都能生成唯一不同的公钥和私钥。由此，就不怕账号及私钥和别的用户重复了。也不用担心自己的私钥被人偷了，保证了账号的安全可靠。所有这些信任都是依赖于密码学本身的技术信任，并且这些技术信任在使用区块链技术之前就已经被无数次地验证了。

哈希函数在理论上保证了任何一个内容都会生成出一个唯一的哈希（hash）值，相同的内容都会生成相同的哈希值，不同的内容都会生成出没有冲突的不同哈希值。而从哈希值不可能推出原来的内容。这样就保证数据的不可随意篡改和数字签名的可信。

---

① 参考自：https://www.8btc.com/article/71773

虽然，技术在不断地发展和进步，哈希函数也在不断地前进。原有的哈希函数可能不满足现阶段的安全要求，但新的哈希技术也在不断出现，至少在目前可预见的一段时间，哈希函数的安全性是值得信赖的，而其自身具备的易用性给密码学的广泛应用带来了极大的便利。

PKI（Public Key Infrastructure/公钥体系）保证了任何公钥加密的内容，只有唯一的对应的私钥能够解开，保证了私密性和通信过程中的安全性。任何私钥的数字签名的内容，只有相应的公钥才可以验证通过，保证了数据的完整性，传输的过程中不可能被监听者随意篡改。拿到的内容，只可能是持有公钥对应的私钥的用户产生的。保证了对数据来源的信任。

通过数学和密码学的论证，保证了区块链上数据的所有权的正确和数据的可信。也就是说，一个用户的私钥签名的数据，只可能是他的，因为别人没法模拟，没法篡改。而在区块链技术应用之前，类似于PKI体系就已经广泛地应用在各种商业场景之中，并且将该技术赋予了法律层面的意义。在电子签章、数字签名等领域，已经等同于用户本身的签名确认，这样大大提高了信息的提交和确认的效率。区块链技术并没有改变这些技术的本质，而是将这些技术融入自身的体系之中，成为自身技术体系信任的基石。

其次，信任是从分布式共识而来。区块链的分布式共识，解决的是在有不诚实的节点的情况下，当诚实的节点足够多时，是能达成共识的，并达成一致性的可信结果。这就是常说的拜占庭将军问题。而采用的技术手段无论是工作量证明还是通过选举产生可信的记账节点，其目的都只有一个，就是能够使网络中的各个节点能够达成一个具有一致性的结果。

基本的原则，就像社会生活中的民主投票，当一个提议被多数人（超过50%）同意通过，那么这个提议就是大家公认的结果，确定的结果，因为大部分人认为是对的。

比如，POW（Proof of work/工作量证明）就是解一道哈希难题，谁先解出来的结果，就是这次的提议，然后，其他的节点去验证，当大多数节点都验证正确的话，那么就是这次投票的正确结果，大家以后必须认同和遵守。

对多数民主的信任，就是对分布式共识的信任，也就是对区块链的信任。

在区块链的世界里，共识算法是由人编写完成并由机器无条件执行的，这其中不掺杂任何人为情绪上的波动和否认，对已达成的共识机器自身不会再去否认。由此，我们可以看到，达成真正的信任在机器的世界里是如此的容易，而在现实的世界里，又有着太多的不确定性。从而人们更加愿意相信，机器的信任更加靠谱，他不受人为主观因素的影响，更经得起推敲和考验。

再次，信任从Merkle树和区块链的数据结构和算法而来。每个区块都由一个唯一的哈希（hash）值来表示，后面的哈希值的计算包括了前面区块的哈希值的内容，这样，所有的区块组成了一个链式数据结构。如果没有巨大的计算资源，这种数据结构保证了数据几乎不能被篡改。因为一旦前面的数据被改动，所在的区块的哈希值变了，那之后的所有的区块的哈希值必须重新计算，而这将是一个浩瀚的工程。

一个区块内所有交易生成的Merkle树的根节点的哈希值参与区块的哈希值的计算，而交易本身的内容并没有直接参与区块哈希值的计算。这种方式也保证了区块内的交易是不能被窜改的。这样，可以通过Merkle树中的路径来证明一个交易的存在和正确性，这就是SPV后面的原理。

通过这些数据结构，交易和交易的顺序一旦生成就确定了，不能改变，值得信任。

其实，区块链的数据结构就是在模拟哈希函数的特征。区块链上所有的交易数据都可作为这个巨大的"哈希函数"的输入，最新的区块哈希值作为目前所有的交易哈希值运算的输出。当需要验证所有交易时，不必去对所有交易一一验证，而仅仅去验证最新的哈希值即可。一旦验证通过，过往的所有交易都可被看成是可信的交易。而这个验证的过程是如此的简单容易，效率极高。

最后，信任是从博弈论，经济学和心理学而来。博弈论中的纳什均衡指的是参与人的这样一种策略组合，在该策略组合上，任何参与人单独改变策略都不会得到好处。那么，这样保证了参与者诚实合作，得到的经济收益是最大的。任何人作恶的成本，可能都会大于他友好合作的收益。再者，如果作恶，破坏了整个区块链的经济系统，任何人都没有好处，都是损失，这是一个双输的结果，大家都不愿意看到。

在区块链系统中，由于密码学的添加，不能无中生有产生新的交易，每个交易必须有源头；也不能改变一个已经生成的交易的内容。那么，只能有一种作弊方式，拿到商品后，撤回原来交易，就是常说的"双花"（重复消费）。而这种作弊带来的收益，不及老老实实地生成区块来的合适。

从经济利益和博弈来看，大家互相诚信合作才能整体收益最大。

这部分也是目前区块链技术与实际场景结合中最为困难的地方。因为经济学、博弈论不像密码学、数学那样可以通过理论证明并广泛应用。在博弈论里，各个个体之间的关系是动态且又错综复杂的。一个自洽的经济业态需要各种因素条件促成，有时同样的模型应用到不同对象都可能会有大相径庭的效果。比如，早期的比特币玩家之间能够通过这样一种"神奇"的技术达成默契的共识，而在普通百姓之间，就有可能衍生出经济传销的骗局。

密码学、共识机制、数据结构和算法、博弈论、经济学、心理学等，让区块链赢得了信任。可以看出，区块链解决的是人们对它的信任，而不是解决的人和人之间的信任。人们更多地相信利用区块链技术能够更加容易地达成人与人之间的信任，提高人与人之间互信的效率，降低人与人之间征信的成本。但同时我们也应该清楚地意识到，区块链目前还无法用技术手段从根本上去解决人与人之间的信任问题。因为在人与人之间的信任问题中，包括个体与个体、群体与群体之间，往往掺杂着太多太多情绪、文化、认知上的差别，这些都是在短时间内无法由技术解决的。那么在现阶段，区块链的价值更多的是降低人与人之间征信的成本，提高人们征信的效率，从而使人们在互信的基础上，快速协同合作。

除此之外，还可以从六个维度来理解区块链技术。

(1) 从信息系统看

区块链技术是一种全新的数据库技术，多方共同维护一个不断增长的分布式数据记录，这些数据通过密码学技术保护内容和时序，使得任何一方难以篡改、抵赖和造假。它记录的是高价值的数据，与我们平常所说的数据库存储理念完全不在一个层面。

(2) 从会计学角度看

区块链是一种全新的分布式账本技术，采用了全新的记账方法：每个人都可以参加，只要按照要求，达到游戏规则的设定目标，就可以获得记账权，成为新区块的记账人，所有人共有、共享账本信息，都能检测、验证账本信息。

(3) 从账户角度看

区块链提出了全新的账户体系，传统上我们所有的金融业务都是围绕着商业银行的账户开展的，而现在，私钥本地生成，非常隐秘，从中导出公钥，再变换出钱包地址，自己给自己开账户，不需要中介，这在金融史上是一个非常重大的变化。

(4) 从资产交易角度看

区块链是一种全新的价值交换技术，既可采用 UTXO 模式，通过构造包含解锁脚本和锁定脚本的交易输入和交易输出，完成"未花费交易输出"的转移，也可采用传统的 Account 模式。

UTXO 模式和 Account 模式可相互转化，通过聚合归纳（Reduce），UTXO 可转化为账户余额，而对账户余额进行拆分则可得到 UTXO 的结果。基于这一价值交换技术，我们可以创造一种全新的金融市场模式：去中心化资产交易。

（5）从组织行为学角度看

区块链是一种新型的去组织化的分布式协同生产活动，它通过激励相容的算法规则和契约安排，明确了各方的经济利益，充分调动了各方的积极性，使有效的分布式协同生产真正成为可能，出现了新型的组织形态：去中心化自治组织（DAO）。

（6）从经济学角度看

区块链开创了一种新型的算法经济模式。建立在区块链技术的算法经济以去中心化、开放为特征，强调和尊重市场交易的自愿原则，发挥市场价格的统筹协调机制，在经济自由度上，兼具计划和市场两种机制的优点，是一种更加接近自由市场的经济模式。[1]

3. 如何应用区块链

虽然区块链技术脱胎于比特币，但除了数字货币应用以外，区块链技术还能做什么呢？我们不禁要问几个问题：

- 到底什么是区块链技术，如何能更准确地描述区块链这项技术？
- 区块链的核心原则是什么？
- 区块链技术给信息社会以及信用社会带来了哪些改变？

---

[1] 以上内容参考自区块链技术十周年：回眸与前瞻 https://mp.weixin.qq.com/s/S6G13XDuDg5lt-gkOU9MiA

2018年1月，美国国家标准与技术研究所发布了关于区块链技术概念报告。报告中详细介绍区块链架构、共识、智能合约等问题。在文章中详细介绍了区块链到底是什么样的技术，主要的应用场景以及对未来的影响。在其报告的第九部分，明确说明区块链作为一项新的技术手段存在夸大和过度使用的趋势。

许多项目试图跟区块链技术进行结合，但由于对区块链技术的理解不够，以及对区块链这样的新技术掌握不够，使得区块链的落地效果不理想。区块链作为一项新的技术，有其特有的技术特点，但同时也有其自身的技术缺陷。其中，主要缺陷和误解的地方包括以下几个方面。

(1) 区块链的控制权问题

一个常见的误解是无许可的区块链是一个没有控制权和所有权的分布式去中心化系统。经常有人说，公有链是一个完全去中心化的分布式网络系统，没有中心化的机构去操作控制它。但真正的情况是，大多数的区块链系统都有一群核心开发人员负责系统的开发或者运营，个别开发人员可能为了利益的驱使从而对区块链进行一定的操控。例如，在2013年，比特币开发人员发布了当时最受欢迎的比特币客户端的新版本，该版本引入了一个bug并产生了两个互相竞争的区块链。开发人员必须决定要么保留新版本（尚未被所有人采用），要么恢复到旧版本。这两种选择都会导致一个链条被丢弃，一些人的比特币交易变得无效。

开发人员做出了恢复到旧版本的选择，并成功地控制了比特币的进程。这个例子是一个无意的分叉；然而，开发人员可以有目的地构创建新的客户端，并且通过大量用户的使用来创建成功的分叉。这些分叉经常富有争议并被激烈地讨论。在2017年，由于比特币价格的大幅提升，各种比特币的分叉链纷纷被创建出来，使人很难辨别哪条链更有价值，更符合"中本聪"的价值观。在笔者编写本书的过程中，比特大陆与"澳洲中本聪"针对比特币现金的分叉竞争愈演愈烈，导致本已喋喋不休的数字货币市场更加大幅下跌。

(2)无信任

由比特币衍生的区块链技术一直强调不信任第三方机构,并假设整个网络是一个不可信的网络环境。其通过密码学算法和共识机制能够保证信任的产生和传递。这些在比特币的应用得到了很好的体现,但由于比特币的业务模型非常简单,形成这样的一个没有第三方参与的可信网络环境非常容易。而当给予区块链更多更复杂的业务模型的时候,情况就不是这么容易了。比如,在以太坊上通过智能合约体现业务流程,如果合约存在验证的 bug 或者数据溢出问题,整个合约就会造成很大的损失。在联盟链或者许可链的场景中,用户是通过业务系统进入区块链网络中,很多业务逻辑处理是在业务系统中就已经完成的。而区块链网络的作用更多的是在联盟链各个参与方之间建立信任机制。而真正的客户端用户很有可能对区块链的应用没有感知。

(3)资源的使用

区块链作为一个可能是全球价值网络的系统,每一笔交易都需要许多的节点对交易进行验证。POW 共识算法很好地解决了"hard to create, easy to verify"的理念,但是同样一份数据需要全网的所有节点都重复做无用功的确有点徒劳和浪费,整个过程既耗时又耗电。区块链经常拿来跟数据库进行对比,虽然这样对比本身并没有什么意义,因为它们本身所解决的目标问题完全不同。由于整个网络的不确定,为了能够使交易信息能够快速达到验证节点,每个周期内交换的数据量必须尽可能地小,否则就需要大量的带宽才能保证验证节点之间的通信。正是由于数据的传输有限,多节点数据的存储存在冗余,大量的数据并不适合写入区块链网络里,而是不得不保存到链下进行处理。另外,目前,区块链节点上的数据一般都是全账本数据,因此,每个新加入的节点都必须下载所有历史账本才能对新的交易进行验证,这个过程本身也很耗时。

(4) 关键凭证的保管有用户负责

区块链由比特币衍生而来，比特币在设计的过程中就强调去中心化的思想和架构。因此，用户的私钥或者密码是由用户个人保管的，没有机构帮助用户来管理其个人的私钥信息。在这种情况下，在原生区块链平台中私钥一旦丢失，是不存在"忘记密码""恢复我的账户"这样的操作的。中心化的系统可以帮助用户维护关键的信息，并提供一定的找回服务，但代价是需要用户对这些钱包服务或者密钥保管服务非常信任。另外，本身这些密钥保管或钱包服务机构都是中心化的，也存在一定的单点故障风险。

(5) 公私钥体系的建立和使用问题

当人们了解到区块链采用的公私钥运行体系的时候，可能天然的认为区块链能够作为用户的认证和标识。但从原生区块链的技术而言，用户可能保有多个私钥并映射多个公钥和地址，因此用户（在区块链系统中以区块链地址作为唯一用户标识）跟用户标识之间不存在一对一的映射关系。类似于每个人会有多张银行卡可以使用一样。此外，区块链中的交易是需要用户通过私钥进行签名的，这里的签名仅仅是作为交易验证通过所采用的技术手段，并没有赋予这种操作更多的法律意义。如果希望区块链跟具体的应用场景进行结合的话，就需要对交易验证与现实法律进行对接，从而使用户在链上的动作具有一定的法律意义，这样才能发挥区块链的作用。

那么关于"到底什么是区块链技术，如何能更准确地描述区块链这项技术？"这样的问题，我们可能会更加清晰。区块链的技术本身是多种技术组合而成，它有鲜明的技术特点，但同时又有着很多技术限制。因此，在应用区块链技术时，不应简单地将它作为分布式数据去使用，而应该结合一定的业务场景进行分析，看该场景是否符合区块链的技术特点，并能够解决该场景下的问题。

那么区块链的应用到底需要符合哪些原则呢？根据以往的经验以及区块链本身的技术特点，往往要符合以下几个要求。

(1）有分享公开数据的意愿和需求

区块链技术是通过多个网络节点共同存储数据账本，并且账本数据是公开透明的。从业务角度讲，凡是记录到区块链上的数据都是共享的数据。因此，凡是有不想公开的数据，理论上都不应该记录到区块链上来。以往有很多应用场景，为了用区块链而用区块链技术。后来发现，很多数据从业务角度并不适合存储到区块链节点上来。这些数据可能有些存在业务隐私，可能有些是在法律层面不适合公开。一些折中的方案是，将不希望公开的数据加密存储到各个区块链节点上，然后将加密的密钥在链下分发给有权看这些数据的用户。这样的做法可以一部分解决区块链在数据共享与隐私保护之间的矛盾，但最简单高效的做法是不希望公开分享的数据就不要存储到区块链上。

在传统的中心化数据库系统当中，用户的数据访问控制是由数据库系统或者业务系统来维护，这就导致数据的不公开、不透明。使用区块链技术，就是希望能够对数据有一个公开透明的使用方式，在彼此之间数据是公开、共享的情况下，能够增加彼此之间的信任从而减低彼此之间的信任成本，提高业务来往的效率。

(2）多方参与

区块链的项目一般都是多方参与的，参与方之间存在业务关系或者竞争关系。如果仅仅是单一一方使用区块链，那么这样场景的价值将大打折扣。在这样的场景下，单一的区块链使用方没有对自身信任的怀疑，写入的数据也不会存在篡改或者造假的价值。区块链上的多个节点对数据的冗余存储在这样的场景下既多余也浪费。无论公有链还是联盟链许可链，都不适合单一参与方使用区块链技术而没有跟其他参与方有业务来往。在比特币的早期，"中本聪"通过自己的个人计算机挖矿一段时间后，也是立刻寻找说服其他人参与到他构建的比特币网络中。当网络中参与的节点越多，使用的用户越多，整个网络的价值才越大，才能够实现价值传递。比特币的网络充分体现了梅特卡夫定律。

梅特卡夫定律（Metcalfe's law）是一个关于网络的价值和网络技术发展的定律，由乔治·吉尔德于1993年提出，但以计算机网络先驱、3Com公司的创始人罗伯特·梅特卡夫的姓氏命名，以表彰他在以太网上的贡献。其核心内容是：一个网络的价值等于该网络内的节点数的平方，而且该网络的价值与联网的用户数的平方成正比。

按照梅特卡夫定律的说法，比特币网络的价值等于整个比特币网络中的挖矿节点数的平方，且跟使用比特币的用户数的平方成正比。现实情况也基本符合梅特卡夫定律。在早期比特币默默无闻的时候，它的价值几乎可以忽略不计。而当比特币被人所熟知的时候，参与到比特币挖矿的矿工、矿池逐渐增多，参与比特币交易的人也越来越多，从而导致比特币的价值也越涨越高。抛开比特币等加密货币短期的价格波动，从整体的价值走势来看，整个比特币的网络价值是随着参与的人数增多而不断上升。

而在联盟链许可链的应用场景中，参与的各方往往是存在业务来往的机构，他们之间如果参与区块链网络的机构越多，由区块链记录下来的数据就可以被更多的参与方所保存，那么在这个网络中违规作恶的成本就越高。在这样的网络里，人们都能够按照既定的规则进行活动，每个人都重视在这个网络中的信用，这样整个网络才更具价值。

（3）写入的数据不可篡改，不可单方面删除

区块链技术的提出最让人眼前一亮的特点就是其极力宣扬的不可篡改、不可删除。开发技术人员经常将区块链同分布式数据库进行对比，对所谓的"不可篡改""不可删除"非常困惑。技术人员经常将不可篡改与不可修改进行混淆。在这里，不可修改是一种技术动作，归属与数据库基本操作中的增、删、改、查的操作。不可篡改具有业务属性，即在未经区块链网络参与方同意的情况下，任何一方不能够随意根据自身的意愿去更改数据。从技术层面来讲，区块链节点是可以删除数据的，只是区块链网络中某个节点删除自己的数据后（前提是网络中有足够多的区块链节点，这也为什么说多方参与对区块链十分重要），对整个网络不会造成任何影响。

另外，很多人认为，区块链在原有数据库的操作中，减少了修改和删除的功能操作，这是对数据库功能做减法。同时，他们认为自己可以通过业务系统或者数据库管理系统对数据库进行权限控制，同样能够做到不可修改和不可删除的操作效果。其实，持有这种观点的人不在少数，而且很多都是多年从事技术开发的人员。他们有这样的理解和想法不足为奇，因为传统的数据库管理系统目前已经得到了广泛的应用。现有的各种各样的信息系统、互联网应用都离不开数据库管理系统。数据库管理系统从早期的对数据的管理也在不断地升级，不断有新的特性添加进来，包括对事务性的处理、数据的恢复处理、数据的分析统计处理等。近些年来，关于大数据的处理技术也都是对数据库系统有益补充。

然而区块链技术对数据处理与传统数据处理模式是具有颠覆性的。同样对篡改与修改的控制，区块链采用的是对分布式多点存储数据并结合区块链的数据结构方式来实现的。区块链的方式是建立在密码学算法基础之上的，是不由某个人的意志控制的。而通过权限控制对数据的操作进行控制的方式，从根本性来讲并没有排除自身"作恶"的嫌疑，这种不"作恶"不能通过技术性的保障来自证清白，而不得不需要用技术以外的其他信用来保障，例如，政府的公信力。而从这个角度来看，区块链的不可篡改、不可删除的特性恰恰不是技术的倒退，而是技术的进步。它通过一系列的技术手段，保证了数据的不可篡改性和不可删除性，使它有别于以往任何形式的数据库管理系统。

因此，在区块链技术的应用落地中，把区块链当成一种分布式数据库来使用是最初级的使用方式。因为这样做还停留在固有的数据库使用的模式之中，没有认清区块链技术的本质。就像汽车刚刚被发明使用的时候，人们对汽车的理解是安装了4个轮子的马车，或者是加汽油的马车。在当时人们的眼里，无法对汽车做出一个清晰准确的定义，因而仅能跟过往的认知进行类比。这种认知方式是人类学习认知新事物的一种思维方式，可以让人快速理解新事物，但对于具有颠覆性的事件这样的认知往往会有偏差，进而产生误解。时至今日，我们再也不会将汽车跟马车进行类比，因为我们能够看到现在的汽车已经远远不再是安上轮子的马车了。同样的，在针对数据的存储和查询上，区块链跟分布式数据库存在一定关联（事实上区块链的底层数据处理也依然是采用数据库管理系统），但将区块链作为分布式数据库来使用是没有意义的。

传统数据库支持数据修改与删除，所以在需要跟踪数据时序性的情况下，开发者需要另外用到审计表或审计跟踪等技术。此类技术虽然可以实现该目的，但它们需要定制化研发，并且比较难以扩展，而且确保数据正确性的责任落在了应用开发者的头上。在区块链或者分布式账本技术中，数据被写入区块链上以保证数据的时序性，区块链上的数据是不可篡改的和可验证的，也就是说，你可以信任账本中的数据。

（4）数据的所有者决定数据操作权

区块链上的任何操作都被定义成"交易"。由比特币引申出的区块链技术在系统上的原子操作都是以交易模型作为基础的（至少现在的阶段是如此，未来的区块链技术如何发展暂且不论）。在每笔交易操作中，用户都需要对操作进行签名，交易验证方需要对操作进行验证，这就保证了所有与区块链系统交互的操作都是有控制保护的。

这一点也是目前区块链技术具备颠覆性的技术特点之一。在当今的互联网社会，我们有各种各样的互联网应用，用户在使用这些应用的同时，也给服务提供商留下了大量的用户信息。这些信息包括用户的隐私信息或者敏感数据，在整个互联网技术手段不够健全的情况下，仅凭法律手段去遏制个人隐私信息的泄漏和滥用几乎是步履维艰。如果我们能够在对自身数据的使用上存在一定技术控制手段，再结合法律法规上的判断惩罚机制，那么在未经用户个人许可的情况下滥用用户数据的情况会大大减少。同时，随着最近我国互联网法院的建立，未来很多法律案件将可能不再由法官来判定，而很有可能由机器自定进行判定和执行。这将大大提高法律判定和执行效率，降低整个社会的违约成本。

比特币或者区块链技术在这一点上做到了极致，甚至不惜牺牲对用户的友好性。它把对数据的操作权限通过密码学算法交给用户自己控制，但同时又将数据以及资产的维护代价交由用户自己负责。在早期的比特币及区块链使用者当中，由于都是一些密码极客参与其中，人们对这种设计乐此不疲。但当普通用户也参与进来后，一串杂乱无序的私钥由用户自己保管就十分地不友好。因此，很多人就是因为丢失或者忘记密钥信息而丢失了对资产的控制。目前，在区块链的应用系统中，一直需要在数据控制权和用户易用性之间进行平衡，最好既能做到易用又让用户能够感受到区块链技术真正能够使用户具有自身数据的操控权。而对数据控制权的争取往往是使用区块链目的和初衷，在一般情况下都不会舍弃。

▶ **区块链的自证清白**

区块链技术采用一定的技术手段能够做到自证清白。主要是在业务层面采用的三种权利相互制衡的方式。三种权利包括：使用权、记账权、监督权。

在比特币的应用中，用户使用区块链网络进行交易，行使的使用权。矿工矿池行使的是记账权，并通过记账获取一定"收益"。由于整个比特币的账本都是公开透明的，所有的交易都可以查看，这样就具有一定的监督作用。

由此，我们发现，一个真正的区块链项目，不仅仅是简单IT项目，它需要对原有的生产关系进行调整，给各个参与方分配一定角色，使用者在参与区块链生态中，扮演者一个或多个不同的角色。如果不是把原有的生产关系进行调整，而仅仅是应用于IT系统的建设，很可能将区块链作为分布式数据库使用，无法发挥区块链的作用。

如果能够通过区块链重新调整定义一定的生产关系，比如记账权、监督权和使用权在整个业务环境中如何分配，怎样调整，这些都跟业务息息相关。

在这里,监督权尤为重要。区块链技术跟金融业务接触非常紧密,在金融领域,强监管是非常必要的。如何能够做到在有监管的情况下实现业务创新更是一个非常难的问题。金融创新相对于 IT 创新更加不易,在这方面要时刻保持清醒的头脑,不忘初心,否则创新不成反而造成金融问题。区块链技术就是一个典型的例子,在没有监管的情况下,很多人利用了区块链的技术门槛高的性质,打着区块链的旗号行使所谓的金融创新,让一部分不了解区块链的人上当受骗。同时,一部分人利用区块链技术进行着创新活动,但由于金融监管部门的强监管,使得这样的创新举步维艰。

而了解了区块链技术特点就会发现,区块链是最适合监管的。因为区块链天生就具有账本公开透明的特点,监管机构可以作为一个区块链节点,接收所有的区块链交互数据,并且这些数据是不可篡改、不可删除的。

那么什么样的创新是好的金融创新,如何利用区块链技术做到好的金融创新呢?

区块链技术的一个重要的特点就是能够实现价值传递,那么为什么能够实现价值传递呢?其实区块链技术是通过"自证清白"来实现的。

区块链专家、ChinaLedger 技术委员会主任白硕老师就把自证清白分为四个层次:晒源码、晒账本、晒关系、晒哈希,如图 3-1 所示。

图 3-1 自证清白的四个层次

在我们日常的生活中，有需要很多自证的地方。大到我们出生证明、学历证明，小到我们消费开具的凭证发票。当我们去银行贷款或者公司需要一些金融服务时，金融机构都需要对我们的信用进行评估，这些评估的手段就是要出示各种证明材料。而这些验证的过程往往是一个烦琐困难的过程。

因此，通过引进自证过程，实现信任的快速评估和认证，可节省大量的时间和成本。这里，最外层是通过晒哈希来实现自证，也就是通过哈希值完成检验工作。当哈希值通过时，即通过了信任评估。第二层是晒关系，包括等式关系和不等式关系。即通过共识机制来判断花的钱是否大于你所拥有的余额；一次交易中，原有的钱是否等于所花出去的金额与剩余金额的和。再进一步是晒账本，能够将历史数据公开透明地提供给公众查阅。最后是源代码是不是公开，公开透明的源代码能够帮助系统构建一个被信任的体系和生态。如果一个系统是黑盒子，如何能被别人信任呢？即使是在联盟链场景中，公开透明的源码也是一个重要的考量因素，因为区块链区别于其他信息系统就在于其构建的是信任，信任的来源就是通过一步步深入的自证机制来实现的。

一个可自证的生态，拓扑是应该什么样的？有一个重要的建议是，记账权和监督权如果可能分离，要给记账者自证这么一个环节，还要给一个监督权去检查记账自证对不对的环节，使用权这一方其实也要有一些东西晒给参与方，让参与方能够在使用当中建立信任感，而不是像使用一个中心化系统一样去使用一个区块链。

而验证易求解难正是比特币及区块链的核心要点。在讨论什么样的场景适合区块链，什么样的场景最适合区块链技术的时候，不再单单考虑技术特点，而应考虑如何套用这样的一个"验证易求解难"模式，如图3-2所示。

图 3-2 "验证易求解难"模式

例如,在比特币的应用场景中,挖矿难,但交易验证容易。既然挖矿难,为什么还有人愿意去做这样的事,就是因为有激励机制在里面。那么在其他的应用场景中,如何将困难的事情跟"挖矿"类比,如何通过技术手段实现这样的快速简单的验证是区块链应用落地的关键。

因此,考虑如何去实现这样的商业模式,可以采用以下三个步骤进行。

(1) 寻找合适的"挖矿"动作

即对原有的业务流程进行分解,将里面一些求解难,但是验证简单的步骤拆解出来,作为区块链系统设计的"挖矿"动作。这里的"挖矿"动作是一个泛指的动作,可以是一次数据的贡献动作,也可以是一次交易的动作,也可能是为别人提供的一次服务。区块链技术可以将这些内容抽象成为一段数据,并记录在区块链网络中。当你需要进行数据验证时,只需要通过哈希快速验证这些数据的真伪。

(2) 参与方之间的有效交互

当你通过"挖矿"的方式,获得了一定的区块链奖励后,你就可以使用这些奖励在整个区块链生态中交换其他的服务。例如,我贡献了一定的数据获得了奖励,就可以使用这些奖励兑换或者交易得到一定的商品或者其他服务。在整个区块链生态中,所有的参与方一定是相互之间有业务交集的,这样他们之间才可能通过区块链网络交易实现一定的"化学反应",创造新的价值。

(3) 价值的泛化和衍生价值

当一个基于区块链的网络生态建立起来后，就可能在这个平台上沉淀出大量的有价值的数据。而且这些数据是基于真实的交易动作沉淀下来的，具有真实可靠的特点。那么整个网络的使用者就可以利用区块链赋予其自身具有数据的所有权的能力，将这些数据价值进行转换。把这些资源、数据在其他系统放出时，就会产生价值，而用户能够从产生的价值中分享一定的收益，这是以往中心化信息系统利用用户数据实现自身价值跟区块链应用场景的最大区别。

4. 适合应用区块链的场景

由此，我们发现适合应用区块链技术的场景是符合以上原则的。另外，区块链所谓的去中心化的特点往往要跟现有的中心化场景进行对比。经常有人会问，我们已经建立起了中心化的信任系统了，并且运行得很好，还有必要采用区块技术吗？因此，符合以下的场景则更适合区块链的应用。

(1) 多方参与且平等协作

区块链是信任机器，应用环境最好是相互之间没有天然信任关系，需要通过区块链来搭建信任。反之，如果双方是强信任关系，或已有完善的制度保障，使用区块链的必要性就不大。区块链解决的信任问题，正是由于参与各方地位相互平等，其相互之间的信任成本就大大增加。那么区块链可以通过其自身的技术特点，降低各参与方之间的信任成本，提供协作效率。根据梅特卡夫定律，一个网络中的节点越多，其价值就会越大。这里的节点就是某一个参与方的逻辑代表。

而如果不是多方参与的协作模式，仅仅是由一方自己操作使用，那么其模式结构就不是一种分布式的网络结构，其与中心化结构没有什么区别，采用区块链技术意义也就不大。

(2) 不想建立中心化控管的联盟组织

在我们现实的场景中,很多系统都是通过中心化集中管控的方式来实现信任和价值的传递。但由于区块链系统是一套分布式的网络系统,理论上网络中的各个节点都要分别隶属于不同的参与机构。机构与机构之间是平等,不应存在某些节点天生具有更高的权限,具有管控其他参与方的能力。

在商业化的联盟组织中,联盟成员往往都是地位相对平等的,且联盟的组织比较松散,没有像央行那么强势的领导机构。因此,由于联盟各参与方地位是平等的,所以参与方之间就存在互相不信任的情况。在行业联盟中,联盟的成员之间有可能是竞争对手,他们天生就不存在互信的机制。那么在这种情况下,就有可能采用区块链技术在参与方之间建立一定的信任。

(3) 参加成员信息交换具有如下特点:不可篡改、公开透明、信息同步分享

引入区块链技术,同时也引进了区块链技术目前的局限性。已经达成共识的数据就不可能再更改,如果想更改数据那又何必采用去中心化分布式的架构呢。对于不想公开的数据,就不要写入区块链,因为区块链上的数据天生就是公开透明。所谓的"隐私保护"并不是区块链天生具备的技术特点,而是为了使用不同的应用场景采取的不得不做的折中办法。信息的同步分享在绝大多数情况下都是顺理成章的,只有在个别的场景中数据同步分享是不被允许的。

区块链及分布式账本这样的数据结构对数据完备性、数据完整性、数据可验证性有强需求。比如在供应链与物流领域,使用区块链构建的应用能够将一切变更的完整历史留存下来,无论是货物之间的移动还是跨境移动,每一条记录都能够完整地留下来以供查询分析。在金融领域,记录型系统应用可对关键数据进行跟踪,比如信贷交易和借记卡交易。以前,此类应用需要构建一套复杂的记录留存功能,而有了区块链或分布式账本,这就变得很容易实现,所有的金融交易记录都被永久地、完整地保存下来。

(4)具备商业逻辑

类似于比特币,在设计一个区块链网络环境时,其应具备一定的商业逻辑,能够使区块链网络中各参与方具备协作能力且能够产生协作价值。各参与方之间最好具备能力互补,并有一定的"激励机制"来保障参与各方都"有利可图"。这样,在一个区块链的小生态里,参与各方都能够各取所需,并又都贡献价值,区块链能够帮助各方记录下所做出的贡献。这些贡献可以以一种数字化形式在参与方之间简单快速地流转和交换,从而提高各方之间的协作效率,提升整个区块链网络的价值。

5. 不适合应用区块链的场景

(1)高频交易的信息交换系统

区块链技术发展到今天,交易性能依然是其重要技术瓶颈。在比特币的设计中,就是牺牲系统的性能来保证数据公开、透明、不可篡改。因此,可以说比特币是刻意让自身的性能下降而达到其期望的目的。目前,根据不同的应用场景,参与方之间的互信程度情况,可以采用注重性能和效率的共识算法来提高区块链网络的整体交易验证效率,从而提高性能。

但这里需要重点强调的是,区块链是不适合高频交易的,尤其是短时间内对交易的确认和结果返回非常敏感的应用场景。类似于股票期货交易,在这样的场景中,用户关注的是交易的价格及成交的价格。在剧烈交易的时间窗口期,交易的确认时间非常重要。同样的,类似于"双十一""抢火车票"这样的应用场景,存在着交易的标的资源的短缺,需要采用激烈的竞争排队机制才能实现整个业务系统的运行。而单从技术角度来看,这样的场景根本不适合去中心化的架构,中心化的处理模式更为妥当。像"双十一"的订单处理量一般在每秒20万~30万。而业务系统在前期是能够通过购物车的情况提前预判订单的情况进行充分的准备。另外，中心化的系统可以将这些订单分散到多个系统进行处理并将结果返回，不存在参与方之间的交易确认和验证的动作。因此，从理论模型来看，中心化的效率一定要比去中心化的效率高很多。那么宣称去中心化的业务系统能够达到每秒数百万的交易处理量一定是在虚假宣传或者偷换概念。

(2) 参加成员间的信息交换仅止于实时的数据查询

如果参与成员对信息的交换仅限于数据查询，没有对数据有验证的需求，那么就不太适合采用区块链技术。类似于我们对天气预报的数据也并不一定那么信赖，但我们由于没有能力去质疑或者验证天气预报的数据，仅能查询参考这些数据。因此，这样的场景是否采用去中心化就显得并没有那么重要了。

另外，交互的数据是状态数据而不是动作数据。在我们日常的应用中，很多数据是具有不同意义的。状态数据能够描述一个事物目前的情况，动作数据会记录一个个体的行为记录。在传统的数据库操作中，状态数据往往被定义为一种信息的查询，动作数据往往被定义为一种事务的操作。信息的查询只要满足信息的准确性一般就可以满足业务的要求，而事务的操作则更加复杂，需要满足事务的一致性、原子性、甚至有事务回滚的需求。那么区块链更类似于传统数据对事务的日志记录，而相对于传统的数据库日志系统，区块链是一个分布式的更公开透明的系统，并通过一定的数据结构和密码学算法技术保证这个分布式日志系统的数据是沿着时间的维度一直向前，不可被篡改。由于这个"事务日志系统"是一个分布式的结构，参与的各方就可以相互监督，形成一种博弈的状态。

那么如果参与的成员之间的信息交互仅仅是对状态数据的获取和查询，现有的数据库系统完全可以满足业务上的要求，没有必要再采用区块链技术画蛇添足，使系统更加复杂且令人费解。

(3) 中心化系统或单一系统

在区块链技术产生之前，人们已经建立了很多具有信任机制的信息系统。类似于各种第三方认证机构，都是通过赋予某个机构一种特殊权利，使其来维护这种信用的认证和传递。这种场景在我们目前的生活中相当普遍，在相当长的时间里会一直延续下去。比如，我们的央行征信系统就是由央行领导的信用体系，各家商业银行都会从这个系统中获取其需要的征信信息，同时，各家商业银行也都会向这个系统提供信用信息。商业银行对征信系统记录的信用数据完全信任，不存在怀疑的情况。因此，在这样的情况下，商业银行与中央银行之间的关系是一种从属关系，各家商业银行都与中央银行打交道，没有对信用数据产生怀疑的动机。那么，在对信任没有迫切要求的情况下，采用分布式的架构就很有可能降低信息获取的效率，反而增加成本。

6. 总结与思考

区块链技术通过比特币等数字货币被人们所了解，经常有人会说，区块链具有公开、透明、去中心化、不可篡改等技术特点，但区块链是如何具备这样的技术特点的，很多人又很难说得清楚。有人会问得更深入一些，我要这些技术特点又能给我带来什么好处呢？我看不到应用区块链技术会给我带来什么好处，我现在的已经很好了，没有必要应用区块链技术。

因此，熟悉和了解区块链的技术本质以及技术演进的来龙去脉对理解区块链技术更为重要。理解区块链绝不仅仅是理解其技术原理，一定要结合它自身演进的过程，以及在应用中解决的问题以及暴露出来的缺点来综合考量它的价值。

区块链的价值更多的是在于对技术的整合以及开创出来的新的应用模式，而随着应用的深入和普及，一定会有更多的技术被整合到区块链的技术范畴里来，解决应用中遇到的问题，最终会跟其他信息技术一样，成为一项完整的技术体系。

7. 参考文章

- 《Draft NISTIR 8202 Blockchain Technology Overview》《美国国家标准与技术研究所发布了关于区块链技术概念报告》

- 以上内容引用了 https://mp.weixin.qq.com/s/473mATiM1xnLUFKMD2FnnQ

- 参考自：https://www.8btc.com/article/71773

原文：http://www.economist.com/news/leaders/21677198-technology-behind-bitcoin-could-transform-how-economy-works-trust-machine

作者：economist 编译：洒脱喜 责编：洒脱喜 稿源（译）：巴比特资讯

- 参考自：https://www.8btc.com/article/71773

- 原文：http://www.economist.com/news/leaders/21677198-technology-behind-bitcoin-could-transform-how-economy-works-trust-machine

作者：economist 编译：洒脱喜 责编：洒脱喜 稿源（译）：巴比特资讯

第 4 章
区块链应用场景——政务

1. 背景

1) 产业政策

通过分析区块链技术和应用的发展趋势并梳理我国推动区块链技术和应用发展的路径，可以看到，早在 2016 年 7 月，就由工业和信息化部信息化和软件服务业司印发了《关于组织开展区块链技术和应用发展趋势研究的函》(工信软函〔2016〕840 号)，电子技术标准化研究院联合蚂蚁金服、万向控股、微众银行、平安科技、乐视金融、万达网络科技等单位开展区块链技术和应用发展趋势研究。为有效贯彻落实工信软函〔2016〕840 号文的要求，推动我国区块链技术和产业发展，联合编写了中国区块链技术和应用发展白皮书 (2016)，目的是为各级产业主管部门、从业机构提供指导和参考。这也是最早的有国家机构参与编写的关于区块链技术及应用发展的白皮书。

2016 年 12 月 28 日，经李克强总理签批，国务院日前印发了《"十三五"国家信息化规划》。《"十三五"国家信息化规划》中提到，到 2020 年，"数字中国"建设取得显著成效，信息化能力跻身国际前列。

该规划中提到,"十三五"时期,全球信息化发展面临的环境、条件和内涵正发生深刻变化。同时,全球信息化进入全面渗透、跨界融合、加速创新、引领发展的新阶段。

规划还提出,"信息技术创新代际周期大幅缩短,创新活力、集聚效应和应用潜能裂变式释放,更快速度、更广范围、更深程度地引发新一轮科技革命和产业变革。物联网、云计算、大数据、人工智能、机器深度学习、区块链、生物基因工程等新技术驱动网络空间从人人互联向万物互联演进,数字化、网络化、智能化服务将无处不在。"值得注意的是,这是区块链技术首次被列入《国家信息化规划》。

此后,各省市开始响应国家规划政策,纷纷开始对区块链技术及产业进行鼓励和支持。其中较早开始布局的省市主要包括以下几个。

(1) 贵阳:区块链指挥部

贵阳专门成立了区块链指挥部,指挥部负责统筹协调推进贵阳区块链的发展和应用工作,为全市"一核四驱多中心"的区块链发展战略提供政策、技术、服务、人才、资金等保障;跟踪全球区块链技术演进路线、产业发展路线和企业成长动态,研究提出贵阳区块链产业发展扶持政策建议;组织开展区块链相关标准研制工作;组织推进贵阳区块链创新中心、数字社会区块链实验室筹建工作;组织搭建贵阳区块链创新基地、公共测试服务平台,协调建立区块链技术发展和应用孵化器、人才培养和培训中心;重点突破政府数据共享开发和精准扶贫等区块链应用场景;研究制定区块链发展目标并推动相关工作落实;完成市委、市政府交办的其他工作。

(2) 青岛:链湾

青岛市市北区政府聚焦区块链核心技术研发和应用创新,科学规划区域区块链产业布局,助推产业结构转型升级。同时,围绕政用、民用和商务领域的重大需求和主要痛点,鼓励区块链技术在政府管理、民生项目、跨境贸易、金融投资、企业信息化管理等行业开展先试先行，推动区块链理论技术与应用场景的有效结合，通过加强顶层设计、明确工作标准、搭建工作平台、引导产业集聚发展、推动成果应用五个方面的重点工作引导推进区块链产业的发展。为抢抓国家布局区块链等前沿技术发展的重要机遇，青岛市市北区人民政府围绕青岛市委、市政府加快建设"三中心一基地"的决策部署，结合自身区位及产业优势，提出了"1136"发展格局，明确将区块链产业列为市北区重点产业发展方向，联合国际大学创新联盟、点亮资本发起成立了市北区区块链产业研究院，并借鉴硅谷模式，聚合国内外科研院所、产业联盟、双创机构和投资基金等社会力量，以自我创新为动力，以区块链技术应用服务为导向，以"政府引导、市场推进、企业化运作"为原则，全面建设以"一楼、一院、五大平台、十大应用场景"为核心的区块链产业发展新模式。

（3）杭州：区块链产业园

该区大力推进互联网金融创新发展，制定实施"互联网＋"金融创新发展等扶持政策，为金融业创新发展提供良好的政策环境。西溪谷互联网金融小镇周边有蚂蚁金服、网商银行、浙大及其科技园等知名企业与园区，可谓是拥有得天独厚的优势。目前，浙江省区块链技术应用协会和杭州市区块链技术联合会、趣链科技等一大批机构已经计划入驻园区。未来园区将成为集聚区块链人才、技术与资金等要素的产业平台，成为全球区块链的又一新高地。

（4）广州：区块链产业协会

该协会的设立目的之一就是借助区块链的技术优势和产业链布局打通壁垒，发挥广州的区位优势，借助粤港澳大湾区的发展机遇，集聚区块链技术领域的创新资源和产业资源，增强区块链技术领域的创新能力和创新活力；目的之二即发挥协会合力，以技术带动产业，培育和发展基于区块链的新兴产业集群，跨界融合5G网络、物联网、大数据、人工智能等高端信息产业的发展，抢占产业高地。

2）区块链的主要产业格局

目前，参与到区块链相关产业发展和研究的机构主要包括以下几大类。

(1) 初创公司或组织，依靠组建跨公司、跨行业领域的国际性区块链平台联盟来指定行业标准力求成员间在技术协议、商业应用、监管合规等方面达成一定程度的协同。

(2) 金融机构：针对已有的应用场景或已知的应用需求，各大传统银行通过自研，或者与外部金融科技公司合作，实施区块链技术应用试点，建设区块链能力。

(3) 大型技术公司：大型科技公司和云计算服务商基于IT技术开发、云服务等能力，推出区块链响应服务（BaaS），面向包括金融机构在内的企业客户。

(4) 咨询公司/系统集成商：整合软件、系统设计与应用，云IT服务，发展区块链技术与相应服务，以支持金融机构或其他领域企业客户的区块链技术。

(5) 科研机构/高校院所：针对区块链技术的落地以及商业模式的拓展，从技术角度和商业角度分析研究区块链的应用。

3）国内主要区块链产业机构

目前，国家没有统一的区块链产业管理行政机构，更多的都是以行业协会及学会的形式，形成组织，来针对区块链技术和发展进行探讨和研究。

其中，主要的机构包括以下几个。

(1) 工信部中国区块链技术和产业发展论坛

以工业和信息化部信息化和软件服务业司、国家标准化管理委员会工业标准二部为指导单位，以中国电子技术标准化研究院、北京蚂蚁云金融信息服务有限公司、中国万向控股有限公司、中国平安保险（集团）股份有限公司、乐视联服信息技术有限公司、深圳前海微众银行股份有限公司、万达网络科技有限公司等重点企业为主办单位，以海航生态科技集团有限公司、上海钜真金融信息服务有限公司、用友网络科技股份有限公司等为协办单位以及以上海趣块信息科技有限公司为支持单位共同举办，阵容空前。

（2）中国分布式总账基础协议联盟（China Ledger 联盟）

中国分布式总账基础协议联盟是 2016 年 4 月 19 日由中证机构间报价系统股份有限公司等 11 家机构共同发起的区块链联盟，上海证券交易所前工程师白硕出任了该联盟技术委员会主任，联盟秘书处则设在了万向集团旗下的万向区块链实验室。

中国分布式总账基础协议联盟（简称 ChinaLedger）的目标是聚焦产业端的分布式总账应用，兼顾货币端和非金融端应用，从精选的应用场景中提取出若干具有普遍性的金融服务模式，分别通过基础账本的协议/框架层面和应用层面的技术实现对相应业务提供完整支撑。与"互操作型的"联盟组织不同，ChinaLedger 成员机构间基本上不存在横向的互操作关系，更多的是统一维护一套共享的共性基础平台、各自基于平台建设自身应用系统的"资源共享型的"联盟组织。

（3）金链盟

2016 年 5 月 31 日，金融区块链合作联盟（深圳）（简称"金链盟"）由深圳市金融科技协会等二十余家金融机构和科技企业共同发起成立。金链盟作为一个开放式组织，自愿遵守章程的金融机构及向金融机构提供科技服务的企业等均可申请加入。至今，金链盟成员已涵盖银行、基金、证券、保险、地方股权交易所、科技公司等六大类行业的 100 余家机构。

金链盟旨在整合及协调金融区块链技术研究资源，形成金融区块链技术研究和应用研究的合力与协调机制，提高成员单位在区块链技术领域的研发能力，探索、研发、实现适用于金融机构的金融联盟区块链，以及在此基础之上的应用场景。

(4) 陆家嘴区块链金融发展联盟

2016年10月9日，在中国银监会上海监管局、上海市经济与信息化委员会、上海陆家嘴金融城发展局的指导下，上海市互联网金融行业协会、上海金融业联合会、中国金融信息中心等13家机构共同发起成立"陆家嘴区块链金融发展联盟"。依托上海陆家嘴在金融行业的中心地位，该联盟将聚焦区块链技术在银行、证券、保险、互联网金融等金融服务领域的应用延伸。

(5) 中关村区块链产业联盟

中关村区块链产业联盟成立于2016年2月，是在公安部网络安全保卫局和中关村管委会的指导下由清华大学、北京大学、北京邮电大学、北京航空航天大学、中国信息通信研究院、中国互联网络信息中心、中国移动研究院、中国联通研究院、微软、北京世纪互联宽带数据中心有限公司、点亮投资管理有限公司、布比（北京）网络技术有限公司等70多家单位联合发起成立的，是经北京市民政局核准登记的非营利性社会团体。目前拥有80家会员、涵盖政府机构、科研院校、区块链研发企业、投资机构等领域。

中关村区块链产业联盟的宗旨立足于区块链产业，充分发挥政府、高校、研究机构、专家和企业之间的桥梁纽带作用，加强国内国际交流，推广区块链技术的研究和应用，共同推动区块链产业的发展。成立四年多来，联盟通过举办和参与各种形式的技术研讨会、沙龙、峰会、论坛、创新应用大赛等活动，探讨区块链技术发展趋势、区块链应用场景促进业内交流。

联盟已经成功主办三届中国区块链创新应用大赛，每届有超过60个参赛项目参与。作为国内影响力最大的区块链创新大赛，通过甄选好项目对接投资机构，是区块链创新孵化的重要环节。联盟已陆续建立贵阳、青岛、粤港澳、淮海协同创新中心，孵化区块链项目，产学研协同，加快当地区块链创新生态建设。

（6）中国计算机学会区块链专家委员会

中国计算机学会（CCF）是中国计算机领域最大的学术团体，其宗旨是推动学术进步和技术成果的应用，进行学术评价引领学术方向，促进技术和产业应用一线的交流和互动，对在学术和技术方面有突出成就的个人、企业和单位给予认可和表彰。

中国计算机学会区块链专业委员会成立于2018年4月，致力于团结、联合、组织区块链领域的专业人士，开展学术交流活动，参与区块链领域标准制定和向政府建言等活动，提高我国在区块链领域的科研、教学和应用水平，促进区块链研究成果的应用和产业化，提升在国际区块链学术界的影响力。目前，该专委会是凝聚国内区块链相关领域专家最多，水平最高的组织机构。

由此可见，国家在对区块链技术的行业应用一直持有积极鼓励的态度，并出台了多项文件予以支持。各地方政府也根据自身的情况，结合地方的特点和优势，出台了地方的区块链产业支持政策。在很多地方，政府更是结合自身已有的电子政务系统存在的问题，尝试着用区块链技术帮助解决和优化。

2. 传统电子政务面临的问题

电子政务是国家机关在政务活动中，全面应用现代信息技术、网络技术以及办公自动化技术等进行办公、管理和为社会提供公共服务的一种全新的管理模式。广义电子政务的范畴，应包括所有国家机构在内；而狭义的电子政务主要包括直接承担管理国家公共事务、社会事务的各级行政机关。

随着互联网技术的普及和发展，我国政务信息化的水平和能力在不断地提高。但在政务信息化建设的过程中，也存在着各种各样的问题。

(1) 成本高昂

各个部门的相关数据单独保存，系统单独建设，并且为了保证安全性，硬件和软件投入巨大。而随着计算机及互联网技术的快速发展，很多系统的淘汰速度在加速，存在重复建设，浪费资源，成本高昂的问题。除了基础建设成本外，有关电子政务系统运维成本、人员培训成本、管理成本都在逐年升高。

(2) 系统建设和操作烦琐

电子政务一般牵扯政务数据的安全，由于需要防火墙、入侵检测等系统的加入，在保证具有一定安全性的同时，势必导致多个防护系统的安装烦琐，增加了人员操作的难度。

(3) 无法保证人为篡改

传统的电子政务系统均采用中心化服务器的架构，无法防止外部或内部因素对已有数据的篡改。在不被入侵的情况下，如何自证清白，保证政务数据的真实可靠并且安全可信一直都是困扰电子政务使用人员的问题。

(4) 缺乏多层级的法律法规权限

在传统的电子政务信息系统中，每个部门均由该部门或上级部门按照相应政策标准进行定制化的建设，但各部门之间的电子政务系统有可能在法律法规的执行上产生冲突，缺乏在数字信息层面上的统一协调，导致无法在部门之间执行事务的法理冲突。

(5) 缺乏专业人才

专业的电子政务人才缺乏、分散，公务员计算机水平整体偏低。目前，普遍缺乏专业的电子政务方面的人才，尤其是缺少具有信息技术和行政管理经验结合的通才。由于机制原因，这方面的人才储备不足，流失严重，远不能满足各部门对信息技术和电子政务方面的人才需求。另外，信息化管理机构设置不健全，很多部门机构没有专职的信息化管理部门，尤其是在县（区）一级单位，没有建立信息化相关的领导小组，没有专职的信息人员，从而导致信息系统建设和运维非常困难。

(6) 信息资源共享使用效率低

每个部门采用独立的数据库，部门之间缺乏整合接口，各部门之间的信息整合难度大，无法为上级宏观部门提供完整的个人或法人实体的社会、经济、商业等数据。由于数据格式技术的不统一，各部门之间的数据无法打通，这就导致政府各部门之间以及公民与政府之间在政府数据的使用和利用效率上大打折扣。并且，在考虑数据安全及法律规则层面上，政府部门之间的数据协作能力很低，无法大规模发挥电子政务在政府部门之间协作处理事务的能力。从公民的角度来看，很多政府部门之间的数据问题，需要由公民自己到处确认，这严重影响公民与政府部门之间办事效率。

因此，虽然政府信息建设及电子政务系统建设已经取得了很大的成绩，但在建设和使用的过程中，如何解决各部门数据共享困难，存在数据孤岛的问题，如何更高效地利用政务数据提高办事效率，践行让"数据多跑腿，百姓少跑路"的理念，使政务更加公开、透明、有公信力，依然有很多的工作要做。

3. 如何将区块链应用到政务数据共享

政务大数据共享本身会面临一些必然性的障碍，但结合区块链分布式、去中心化、可追溯性和非对称密码加密的中心特点来看，区块链技术非常适合解决现有的大数据共享困难的情况。

我国目前的大数据共享涉及了大数据技术以及大数据的应用，在实际中政务大数据共享体现在多部门、多级别的海量数据共享，这也正好与区块链技术的分布式存储特点相呼应，共享经济的发展形势迅猛，大数据共享也为共享经济发展出了一份力。电子政务大数据共享使得不同层次、不同部门信息系统更加合理地配置资源，节约成本和创造价值。

大数据的共享不仅能提高信息资源利用率，避免信息在采集、存储和管理上的重复浪费，还有利于合理安排物力和财力，发挥数据的更大价值。以研究电子政务大数据共享为例，现如今面临的主要问题包括：有些部门敏感数据在共享时可能会泄露，各部门级别数据在共享时无法清楚地知道数据的来源，政府现存的中心化的存储数据也可能导致数据在共享过程中出现不可避免的安全问题等。区块链技术对于大数据的安全共享提供的是一个底层的技术，点对点的分布式存储系统可以帮助海量数据分布式的存储；可追溯性的特点可以在数据被共享时追溯数据的原始信息；公钥加密、私钥签名的非对称加密技术可以有效地防止数据在共享过程中出现泄露的现象。因此，区块链技术对于大数据的共享提供了安全方面的可行性。

▶ 基于区块链的大数据共享需求模型

区块链，针对政务大数据安全共享需求的问题，为政务大数据在共享时提供了坚实的安全保障。在政务大数据共享需求模式中，数据供需双方依托区块链的基础设施。凭借数据监督方颁布的可信证书加入大数据共享网络中，数据的提供方（政府）将数据信息描述发布到区块链中，数据需求方从区块链获取数据提供方（政府）发布的数据信息，选择信息目标，发布数据权限请求到区块链。数据提供方（政府）根据区块链上的信息获取数据需求方发布的数据权限请求，按照特定时间规则进行权限批复，将结果发布到区块链上。数据需求方的数据访问请求经请求代理发送到数据提供方的访问代理，如果认证通过则可以访问大数据中心数据。数据监督方作为一个子节点加入区块链节点网络，同步区块链上所有的数据，对大数据的安全共享需求进行监管。以对政务大数据共享的需求模式为例，本文提出了基于区块链的大数据安全共享需求模型，如图 4-1 所示。

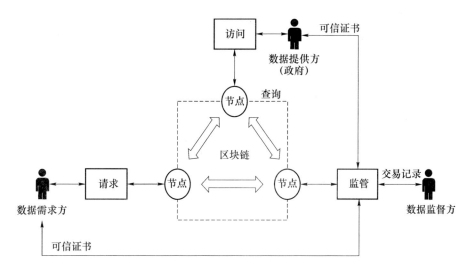

图 4-1　基于区块链的大数据安全共享需求模型

以政务大数据需求模型为例，推导出基于区块链的大数据安全共享模型理应是类似的。因此，在上述需求模型中，数据是存储在区块之中，区块与区块之间是根据时间的顺序以链条的形式相连，每条链不能随意地删减或者修改，这样保证了大数据存储的安全性和完整性。每个存储数据的区块都包含两个部分：区块头和区块体。区块头包含当前版本号、前一区块地址、当前区块的目标哈希值、当前区块共识过程的解随机数、Merkle 根以及时间戳等信息；区块体则包括当前区块的交易数量以及经过验证的、区块创建过程中生成的所有交易记录。这些记录通过 Merkle 树的哈希过程生成唯一的 Merkle 根并记录区块头。在本文中，区块链中的每个区块包含多个区块记录，记录中则包含了共享过程中的数据访问请求、请求回复等记录类型，如图 4-2 所示。

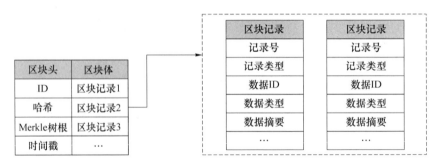

图 4-2 区块头、区块体、区块记录

▶ 基于区块链的大数据安全共享

如何在保障安全的前提下进行数据共享，也是区块链应用的主要内容之一。安全性是数据安全共享方案中最为重要的一环，因此，基于区块链底层设计、密码协议的分析和设计原理，在精准解决如今的大数据共享业务需求的同时，加入区块链技术，使其在安全性方面具有更高的强度和普适性。数据的拥有者、数据服务的提供者和数据请求者将以区块链技术作为底层技术，将政府各部门的数据添加进区块链中存储，区块链在此可以是一个"完美的计算机云"，它永远不会死机、永远不会受到病毒的侵袭，永远能准确地执行预设的指令，无法停止可验证、不可篡改、永远也不丢失数据、永远诚实、零维护等。加进了区块链技术，数据的拥有者可以放心地将数据存储在区块链这种分布式的数据库中，数据请求者想访问其他的数据块时也能在区块链中安全地进行，保证了数据在共享中的机密性、完整性和可用性，如图 4-3 所示。

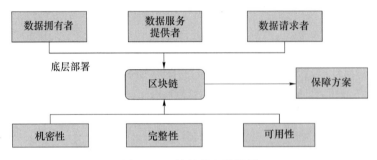

图 4-3 区块链的底层部署

▶ 基于区块链的大数据安全共享特点

(1) 大数据的分类分级规范化

基于区块链的电子政务安全共享模式兼顾了传统的点对点数据资源共享和信息资源管理中心两种模式的优点,既可以在多部门、多级别之间实现点对点的数据信息共享交换,又可实现去中心化和去信任化,与此同时又能做到备份,实现了数据信息可追溯可管理,这样大大增加了政务信息共享的范围和效率大数据的共享,也能够帮助数据申请访问者们获得更多的价值由于区块链技术是将数据以块状的形式相连。

每个区块中区块头和区块体的信息十分明确,可以有效地帮助数据拥有者更好地进行数据的分类分级。大数据的主要特点之一就是数据量大,再加上如今的电信化技术发展速度的加快,使得无时无刻不在产生数据。而堆积的数据利用区块链的技术进行分类分级的存储,规范了以往的数据量大、中心化的存储共享可能会导致数据储存不安全的现象。区块链技术的推进能够使大数据更加便利地安全共享。

(2) 大数据共享隐私安全化

从实际政策、学术研究及经验探索来看,目前我国的大数据信息共享显示出集约化的发展态势,这意味着大数据的整合共享具有极大的发展空间。海量的数据中必然会含有隐私数据,隐私数据的泄露可能会导致严重的泄密问题。而区块链技术是建立在分布式的网络基础之上,具有分布式的安全特性。在分布式的网络中,任何一个节点出现问题,或者被黑客攻击都不会影响整个网络。另外,区块链技术采用了数字签名、非对称加密算法等黑客很难破解的技术,数据存储时受攻击的可能性大幅降低。除此之外,数据被共享,无论是在线上或者是在线下,操作记录都被添加进区块中,作为数据共享的凭证,再通过非对称加密技术,公钥私钥同时采用可以更好地保护数据拥有者的隐私数据,确保数据在共享时隐私数据不被泄露。由此可以避免隐私数据被大量泄露的现象,提高了大数据在共享时的安全程度。

(3) 降低大数据的安全共享风险

不当的大数据开放共享会带来一定的风险。风险管理是社会组织或者个人用以降低风险的决策过程，通过风险的识别、风险的评价，并在这些基础上选择与优化组合各种风险管理技术，对风险实施有效控制和妥善处理。没有区块链的智能合约、非对称加密技术和共识机制的加入，大数据在共享时会面临数据被盗、黑客侵袭、隐私数据泄露等不可避免的问题。区块链的交易记录在全网是公开透明的，有利于政府部门的监管。与现有的政务大数据共享相比，区块链技术具有很大的潜力和价值。区块链实际上是一个崭新的、分布式的、可信任的数据库，这个数据库代表的是数字世界里一个公共总账本，所有的数据共享交易记录被都记录在这个账本上，加上这个账本是公开透明的，解决了信息不对称的问题，也就降低了数据在共享时容易出现的风险问题。

区块链技术广义来讲可以说成是一个数据存储和管理的机制，与传统的信息系统完全不同，主要包括：

① 在区块链里存储的数据不可篡改；

② 自始至终都保证数据的完整性；

③ 使用特殊的加密算法；

④ 数据库的副本存储在网络中的不同节点；

⑤ 数据跟所有的节点绝对同步。

对存储在区块链里的数据，其数据安全防护水平，不低于电子签名的文件（其中法律的重要性已被世界多数国家的法律所承认）。

实施于区块链生态系统的智能合约机制，执行了完整的数据操作，从而保持了其法律意义。

在区块链生态系统中的所有操作和交易，均由政府部门的执行密钥进行签名,其特点是严格控制数据访问权限(读取、记录和添加);收到关于执行数据操作的政府部门密钥的可靠信息。

因此,区块链是一种特殊的数字技术,可使数据输入登记注册管理部门和处理程序都具有法定效力。区块链提供了一个全新的电子政务的实施方法,传统的信息系统主要执行通信功能和保存政府部门离线业务的结果不同,区块链意味着将法律活动本身转移到数字生态系统中。

4. 案例分享

2015年从贵阳率先提出区块链技术与大数据技术结合开始,国内很多城市,如青岛、杭州、重庆也逐步开始区块链技术应用在不同领域的探索,娄底市在2017年年底提出"区块链+政务"的设想,由税务局提出使用区块链技术来解决不动产交易过程中数据一致性的问题,通过与国土局、税务局、房产局的沟通,他们逐步意识到区块链技术在整个不动产信息共享领域都可以发挥巨大的作用。

为了加快推进"互联网+政务服务",简化业务流程,提升服务水平,根据《关于深化部门合作减轻群众负担提高便民利民服务水平的通知》(税总发〔2018〕47号)和《关于推进不动产登记"最多跑一次"改革的意见》(湘国土资规〔2018〕5号)文件精神,结合湖南省实际情况,国家税务总局湖南省税务局及湖南省国土资源厅联合制定了《湖南省国土资源厅信息共享和管理协同工作实施方案》(湘税发〔2018〕27号)。明确大力推进不动产登记信息和税收信息的互联互通,整合办证办税业务流程,实行"一窗受理、一站办结",方便群众办事。同时要求不动产登记中心、税务局密切配合实现不动产交易过程中的"先税后证"的原则,确保不动产交易过程中的税收征缴。

因此,为落实有关文件的精神,娄底市市政府率先提出使用区块链技术来构建由不动产登记中心、房管局、税务局共同参与的娄底市不动产区块链信息共享平台，推动项目落地。

区块链通过技术构建了一个互联互通的信任世界，不是单点对单点的，不是 A 到 B 的信任，而是形成一个完整的可信数据体系。每一次登记业务都会在不动产登记中心、房管局、税务局三个参与方之间实时同步，保证业务数据的一致性，并以此为基础在业务系统进行各自的业务办理，如果发现异常，可以通过记录在区块链上历史数据对办理过程进行溯源，有利于发现和解决问题，数据维护成本低。这些信息在依法合规的前提下，可以对公积金中心、银行、法院、工商部门、教育部门、林业部门等的政府机关、企事业单位进行共享，方便这些部门开展信息化服务，方便群众办事。通过内嵌的模块，区块链可以更加方便、低成本的实现互联网收件、登记进度查询、在线办理业务、一窗受理等"互联网＋"的功能。但平台并不取代业务系统，业务的受理、审核、发证的工作仍然在业务系统中进行。

广大群众可以申请在平台领取不动产区块链电子凭证，凭证可以在相关部门授权和指导下用于优化不动产登记中心与银行抵押业务的办理流程。群众自主申请查询不动产的基本信息；查询不动产的抵押、查封状态；查询不动产周边生活信息；查询小区房价趋势；查询学区信息；并快速评估房价。我们需要补充的是，传统的电子凭证可以通过伪造 CA 信息进行，但区块链不动产电子凭证的申请、发放过程都会上链，极大地提高凭证的安全性、可靠性、可证伪性。

传统信息共享时，由于掌握数据管理权限的用户可以不留痕迹的修改数据，造成数据共享时单方面数据来源不可靠；多个部门信息共享时，存在信息不对称行为，数据一致性差。区块链技术保障了所有数据的不可篡改，平台的任何历史记录都可以溯源。共享平台直接与业务平台对接，从源头开始采集数据直接上链，确保了数据来源可靠。同时，通过技术保障各个平台数据的真实性、一致性、完整性、准确性，最终形成可信的用户画像。

传统的信息平台由于只保留了办理的结果，不利于回溯和解决问题，区块链技术完整、永久存储业务办理的过程数据，有利于对整个体系进行透明监管。区块链的每个节点都会完整地存储所有的数据，这种分布式、高冗余的结构确保了单个节点的故障不会对全网产生致命的影响，可以快速恢复。当个别节点出现意外时，时刻运行的共识机制能够对异常节点进行鉴别，并将它与全网隔离，保证全网安全。在数据存储方面，非对称加密算法确保在没有授权的情况下，包括系统的维护人员在内的任何人都无法对数据进行读取和访问。同时平台也制定了严密的传统安全策略，如 IP 绑定，白名单机制、WAF 拦截、防撞库攻击、防机器人攻击等多种安全策略确保系统和数据的安全。最后平台是运行在与传统互联网物理隔离的区块链专网上，与各节点之间是点对点的信息交互，任何与专网的连接或对联盟节点的扩充都需要通过相关单位的同意，安全系数很高。

1) 不动产区块链信息共享平台介绍

(1) 不动产区块链信息共享平台（以下简称"共享平台"）共享平台采用区块链联盟链技术作为解决方案，具有多中心共同维护、数据不可篡改、交易记录可追溯等特点，非常适合多部门协同工作、共享数据信息平台的场景。共享平台采用接口通信的方式与原有的业务系统分别进行数据交换，各个单位业务系统之间不进行交叉，平台本身也不涉及现有各单位的工作流程的修改，不需要对现有业务系统进行大的功能及流程调整，各部门通过接口获取、写入各自需要的数据，对数据具有完整管理权限，对其他相关方进行授权，有利于各个参与方快速统一思想，有效解决信息孤岛问题。

(2) 联盟链自带的准入机制能够对加入共享平台的单位进行高效的管理，各单位通过专网进行互联，系统的安全性高。联盟链"信息共享、平等协作"的原则也符合政府单位关系现状，同时具有很高的数据同步共识效率，能够极大地满足业务数据实时共享的要求。

(3) 共享平台通过专网的形式进行部署，专网与现有的业务网络之间根据保密、安全的需要部署前置机、光闸等网络安全隔离设备，专网通过数据摆渡机与互联网进行连接，符合保密的需要和系统安全的需要。各节点服务器按需在相关单位的机房分布式部署，包括技术开发公司在内的任何人、任何单位在未授权的情况下均无法对数据进行访问，确保数据的安全可信。

(4) 共享平台不仅会记录不动产业务办理的最新结果，同时也会对不动产数据的更新、修改全过程进行可溯源记录，整个交易过程、交易结果永久存储，并将所有数据在参与方进行广播，便于监管。

(5) 共享平台会将每个部门业务办理的结果及业务的最新动态主动推送到相关的其他业务部门系统，方便相关单位及时获取信息，实现业务实时动态共享。

(6) 共享平台通过接口与包括银行、公积金中心、法院、检察院、学校在内的需要不动产信息的相关平台、单位进行双向互联，不但丰富完善不动产周边的数据，增加共享平台数据的广度，同时通过与银行等金融机构互联，增加交易互信度，挖掘新金融服务和交易方式，提高存贷比，为深度构建以不动产信息为核心征信系统打下基础。

(7) 共享平台对共享数据的内容和方式并没有苛刻的要求，不仅方便与现有"金三"计税系统、不动产登记管理系统、房产局网签系统等基础系统互联互通，也方便与银行信贷系统、公积金管理系统等各部门系统实现快速部署，对后续共享平台的拓展非常有利。

2) 不动产区块链信息共享平台功能

信息共享平台通过光纤网闸与原有不动产登记业务系统进行数据的交互。不动产相关业务的受理、审核、发证等业务操作依然在原有业务系统中进行；信息共享平台负责信息的共享，其他政府单位如工商、法院或商业机构如银行、公积金中心、学校等需要不动产相关的数据时，通过共享平台进行信息交换。

从功能和服务的角度，信息共享平台可以分为五个部分：区块链基础网络、安全管理模块、信息共享模块、不动产区块链电子凭证以及衍生的商业应用拓展平台。

（1）区块链基础网络

区块链基础网络是信息共享平台的基础部分。包含若干个区块链节点服务器（一期为4个）及相关的前置机、光闸、摆渡机等安全设备。同时，区块链基础网络也是共享信息储存中心，通过分布式存储将不动产信息安全、可信的存储。

（2）安全管理模块

用于不动产信息共享进行安全管理，包括记录对外共享的信息查询及查证的内容、时间、方式、部门、应用结果等信息，数据异动警示，风险查询警示，数据共享授权及管理，个人查询授权及管理，以及政府或其他单位依法依规查询所提供的相关凭据的管理。

（3）信息共享模块

信息共享模块是共享平台对外服务的窗口，提供不动产信息的查询、查证服务，不动产历史交易信息的查询，不动产抵押、查封信息的查询以及不动产周边配套信息的查询。信息共享模块既可以用于政府部门依法、依规查询不动产数据也可以由权利人本人授权依法依规查询自己有关的数据。

（4）不动产区块链电子凭证

不动产区块链电子凭证可以用于群众在互联网上查询不动产权证、房屋状态、历史交易等信息，同时也可以通过凭证的关联获得周边服务、房屋的租赁、出售相关动态，并进行价格的大致评估，帮助群众更加便利地获得不动产相关信息。

不动产区块链电子凭证可以在用户完成实名认证或其他信息认证的前提

下，在包括微信公众号、微信卡包、支付宝电子证照、手机 APP 等多种数字产品中进行展示。

(5) 衍生的商业应用拓展平台——二手房交易服务

二手房交易服务通过利用信息共享平台的可信数据，为群众提供更加便利的二手房交易服务。通过与可信数据关联，交易平台可以方便地解决二手房交易过程虚假房源问题，资金风险问题，并通过线上直接操作，提高二手房交易的便利性，加快登记、贷款等流程的时间，提高服务速度。同时，平台还可以提供资金监管服务，规范二手房交易的流程，降低交易和银行贷款风险。

3) 区块链技术应用到不动产信息共享平台的优势

有效消除行政壁垒，实现多部门数据实时传递。由于区块链采用分布式存储的方式，每个参与的部门都可以获得完全相同、完整的数据；且数据共享以后，数据的使用及修改依然需要从原数据管理部门获得对应授权，未经授权无法使用和修改；同时通过信息共享平台对接的单位对不动产数据进行的修改等各类信息的变动都会及时传递给系统所有的参与者，从而有利于打破部门间的行政壁垒，实现多部门数据的实时传递和共享。

杜绝房产交易过程的"阴阳合同"现象。区块链分布式记账属性使得不同的网络节点、多机构间、不同区域间可以共享分布式账本，可以很方便对节点进行拓展，为低成本、高效率的实现更多部门的数据共享打下良好的基础。通过与银行贷款系统、中介服务系统等进行系统对接，可以实现交易数据全程管理，杜绝房产交易过程的"阴阳合同"现象。

实现数据共享的安全性、完整性、一致性、真实性。区块链利用加密和共识算法建立的信任机制，能够让抵赖、篡改、欺诈等不良行为的成本巨大，保证的全系统数据的不可篡改和不可伪造，多中心分布式存储的方式让数据的安全性进一步加强，实现数据共享过程的安全性、完整性、一致性、真实性。

促进交易安全，对交易过程和交易结果数据永久可溯源，避免人为因素干扰，也降低部门管理风险。不动产信息上链以后，能有效地防止篡改，并能对不动产的历史交易、房屋信息追根溯源，帮助有关部门做到数据的"自证清白"。

有利于优化政务流程，简化群众办事过程，提高"放、管、服"水平。区块链可以不仅可以实现数据的可信传递，还可以通过智能合约技术对业务办理的流程进行技术固化，保障流程的有序、顺畅执行，既可以确保"先税后证"等基本原则落实，也有利于对现有不动产登记流程进行整合，进一步简化群众办事流程，提高"放、管、服"水平，提高办事效率，提高群众满意度。

有利于挖掘政府数据的价值，提高政务数据的使用程度。多个部门数据整合以后，通过对数据进行加工、脱敏等操作，在符合保密制度的要求和方式下，通过大数据分析等手段，可以将不动产数据及关联数据作为城市大征信数据的一部分，更好地服务群众、相关企业和有关部门。

在未来，我们还可以利用区块链技术、智能合约构建的可信信息环境，在线完成不动产信息的验真、交易、进一步优化不动产交易的审批流程，提高不动产登记业务办理的速度，实现群众办事"不跑腿"，业务"直接办"。

5. 总结

电子政务大数据的安全共享是跨部门和跨层级的多元主体之间相对固定但又时常发生的交互过程，在安全有效的技术支撑下实现多部门多层级的共享，是如今于共享经济下数据共享存在的主要问题。区块链技术的发展，为在政务大数据安全共享时能够保证其机密性、完整性和可用性提供了机遇，解决了如今大数据共享时遇到的安全问题，但仍然面临一些挑战。本文以区块链技术作为底层技术，以分析政务大数据安全共享为例，进而推进地分析了大数据安全共享的可行性，在分析政务大数据安全共享的基础下，提出了基于区块链的大数据安全共享需求模型以及保障方案，最后分析了基于区块链技术下大数据安全共享的特点，以期为大数据的安全共享提供有益参考。

第 5 章
区块链应用场景——供应链金融

1. 背景

1) 供应链金融定义

供应链金融是供应链管理的一个分支，供应链管理是对整个供应链系统进行计划、协调、操作、控制和优化的各种活动和过程。而随着国际贸易日趋火热，国际分工导致全球化贸易日趋紧密。在跨国流通过程中，物流、商流、信息流和资金流已经形成相互作用、相互影响、相辅相成的整体。

在全球化的背景下，中小型企业有机会参与到全球一体化分工协作之中。而银行信贷一直是中小型企业最主要的融资渠道。但由于中小型企业资信状况差、财务制度不健全、抗风险能力弱、缺乏足够的抵押担保物，商业银行为了能尽量减少坏账，基本不愿意向中小型企业放贷，而把重点放贷目标客户放在大型企业身上。

中小型企业客观上是需要信贷资金支持的，而银行又苦于中小型企业条件不足，无法满足银行信贷风险评估的规定以及高成本征信的考量，无法对中小型企业提供信贷支持。这就造成了银行与中小型企业之间形成了信任隔阂。想要突破这层隔阂，就必须寻找新的融资模式，而供应链金融模式是解决这一问题的方法之一。

在国内，对供应链金融人们普遍一致的观点是供应链金融是以核心企业客户为依托，以真实贸易背景为前提，运用自偿性贸易融资的方式，通过应收账款质押登记、第三方监管等专业手段封闭资金流或控制物权，对供应链上下游企业提供的综合性金融产品和服务[①]。

所以，国内的供应链金融大多是金融机构根据产业特点，围绕供应链上核心企业，基于真实交易过程向核心企业及上下游相关企业提供综合金融服务。这种模式被概括为"$M+1+N$"模式，即依托核心企业"1"，为其众多供应商"M"和众多的分销商或客户"N"，提供金融服务。金融机构或者商业银行通过核心企业来掌握整个贸易过程的信息流、商流、物流，根据这些信息来控制信贷风险，从而给供应链上下游提供资金支持。

典型的供应链金融有以下特点。

(1) 还款来源的自偿性：体现在通过对操作模式的设计，将授信企业的销售收入自动导回授信银行的特定账户中，进而归还授信或作为归还授信的保证。

典型的应用产品比如保理，其应收账款的回款将按期回流到银行的保理专户中。

(2) 操作的封闭性：银行要对发放融资到收回融资的全程进行控制，其间既包括对资金流的控制，也包括对物流的控制，甚至包含对其中的信息流的控制。

典型的产品如动产抵/质押授信业务，银行将企业所拥有的货物进行抵/质押，授信资金专项用于采购原材料，企业以分次追加保证金的方式分批赎出货物，随之进行销售。

---

① 引用自《供应链金融》，宋华，第二版。

(3) 以借后操作作为风险控制的核心：同传统业务相比，供应链金融相对降低对企业财务报表的评价权重，在准入控制方面，强调操作模式的自偿性和封闭性评估，注重建立借后操作的专业化平台，以及实施借后的全流程控制。

(4) 授信用途的特定化：表现在银行授予企业的融资额度下，企业的每次出账都对应明确的贸易背景，做到金额、时间、交易对手等信息的匹配。

2) 供应链金融现状

2009年4月16日上午，备受关注的"东阳富姐"吴英集资诈骗案在浙江省金华市中级人民法院大法庭开庭审理。检察机关指控吴英涉嫌集资诈骗达3.89亿余元。28岁的吴英演绎了一个短期的财富传奇故事。

吴英，1981年出生，浙江省东阳市歌山镇人，案发时26岁。1999年吴英从技校中途辍学后在当地一家美容店当学徒，2005年开始与丈夫一起在东阳市区经营理发休闲屋、美容美体中心等。

2006年下半年，吴英以一亿元注册资金先后创办了"本色集团"的八家公司，行业涉及酒店、商贸、建材、婚庆、广告、物流、网络等。外界一度传闻其资产高达38亿元，并由此位列2006年"胡润百富榜"第68位，"女富豪榜"第6位。

2006年12月，就在外界风传吴英和她的本色集团遭遇资金危机的关键时刻，吴英却突然神秘失踪了。8天后，吴英重新现身，声称是被人绑架了。她在失踪8天后的重新现身也未能化解本色集团的这次资金危机。

2007年2月7日吴英在首都机场被东阳警方抓获，并因为涉嫌非法吸收公众存款罪被刑事拘留。2月11日东阳市政府发出一纸通告，表示吴英及其本色控股集团有限公司有非法吸收公众存款的重大犯罪嫌疑，并已由东阳市公安局立案侦查。短短数月"吴英神话"从辉煌走向破灭。

2008年浙江省金华市检察院以集资诈骗罪起诉吴英。

2009年4月16日,浙江省金华市中级人民法院首次开庭审理此案。2009年金华市中院一审判处吴英死刑,剥夺政治权利终身。

2010年吴英不服判决上诉。

2011年4月二审开庭时,吴英主动承认非法吸收公众存款罪,但继续否认集资诈骗罪。吴英二审代理律师称,吴英检举了7名官员。

2011年8月24日,知情人士透露,至少有3名官员参与写联名信,要求一审法院判处吴英死刑。

2011年8月25日,东阳市政府宣传部门负责人回应称,被举报官员名单未公布。

2012年3月14日,温家宝总理在"两会"结束后接受记者采访时谈"吴英案"有三点表态。我注意到,一段时间以来社会十分关注吴英案。我想这件事情给我们的启示是:第一,对于民间借贷的法律关系和处置原则应该做深入的研究,使民间借贷有明确的法律保障。第二,对于案件的处理,一定要坚持实事求是。我注意到,最高人民法院下发了关于慎重处理民间借贷纠纷案件的通知,并且对吴英案采取了十分审慎的态度。第三,这件事情反映了民间金融的发展与我们经济社会发展的需求还不适应。现在的问题是,一方面企业,特别是小型微型企业需要大量资金,而银行又不能满足,民间又存有不少的资金。

2008年,四万亿元资金的发放,绝大多数都给了大型国有企业以及大型房地产基建公司,中小型企业融资问题依然存在。

许多民营中小型企业、个体工商户受资信条件、抵押担保等限制,很难从银行申请到贷款。民间借贷一般以人际关系为基础,大部分只打借条,利率口头协商或随行就市,期限大多不确定。[①]

---

① 吴晓波:《激荡十年,鱼大水大》

全国工商联发布的《我国中小企业发展调查报告》（2012）显示，90％以上受调查民营中小型企业表示，实际上无法从银行获得贷款，民营企业在过去3年中有62.3％的融资来自民间借贷。

2016年12月28日，经李克强总理签批，国务院印发了《"十三五"国家信息化规划》（以下简称《规划》），到2020年，"数字中国"建设取得显著成效，信息化能力跻身国际前列。《规划》提出："十三五"时期，全球信息化发展面临的环境、条件和内涵正发生着深刻变化。同时，全球信息化进入全面渗透、跨界融合、加速创新、引领发展的新阶段。

《规划》还提出"信息技术创新代际周期大幅缩短，创新活力、集聚效应和应用潜能裂变式释放，更快速度、更广范围、更深程度地引发新一轮科技革命和产业变革。物联网、云计算、大数据、人工智能、机器深度学习、区块链、生物基因工程等新技术驱动网络空间从人人互联向万物互联演进，数字化、网络化、智能化服务将无处不在。"至此，区块链技术首次被列入《国家信息化规划》当中，并将其认定为重点加强的战略性前沿技术。

通过区块链技术，可以帮助解决供应链中的应收账款融资存在的一些问题，从而缓解产业链条中小企业融资贵、融资难的问题，并且帮助大的核心企业降低产业链条融资成本，从而降低其采购成本，提高金融机构投资效率，降低其征信成本，最终，实现整个产业链条的健康发展。

随着社会化生产方式的不断深入，市场竞争已经从单一客户之间的竞争转变为供应链与供应链之间的竞争，同一供应链内部各方相互依存。与此同时，由于赊销已成为交易的主流方式，处于供应链中上游的供应商，很难通过"传统"的信贷方式获得银行的资金支持，而资金短缺又会直接导致后续环节的停滞，甚至出现"断链"。维护所在供应链的生存，提高供应链资金运作的效力，降低供应链整体的管理成本，已经成为各方积极探索的一个重要领域，因此，"供应链融资"相关的金融服务与产品应运而生。供应链金融是围绕核心企业，通过对商流、信息流、物流、资金流的有效监控，以核心企业为依托，以真实贸易为前提，运用自偿性贸易融资的方式，通过应收账款质押、货权质押等手段封闭资金流或者控制物权，为供应链上下游企业提供的综合性金融产品和服务。

我国供应链金融业务属于近几年才逐步兴起，但已经成为中小等企业融资的重要渠道。伴随着我国中小企业发展过程对流动资金的迫切需求，供应链金融在国内进入了快速发展期，但是随之而来的是多种问题也暴露出来，亟须解决。

供应链环节中存在虚假信息（假客户、假交易、假资金用途、假仓单和应收账单）。供应链环节往往错综复杂，很多融资凭证需要线下盖章、确认，从而存在着大量造假的机会。投资机构往往对虚假凭证、单据进行验证需要极高的成本和代价，甚至因担心承担虚假信息的风险而放弃投资机会。因此，虚假信息极大地伤害了供应链融资环境，增大了投资成本和征信成本。

信息散落在供应链企业各自信息系统中，流通和融资环节存在信息重复验证，效率低下的问题。供应链条上下游的企业往往都有自己的 ERP 及财务系统，而这些系统基本都是无法打通的，存在"信息孤岛"问题。这样就给融资造成了极大的难度，融资征信的成本大大提高。有些产业链条上游的中小型企业，出于企业成本的考虑，信息化程度不高，甚至没有 ERP 或财务系统，这样金融机构更是没有数据考量，这也是目前中小型企业很难从大的金融机构获得资金支持的主要原因之一。

由于信息系统不对称，进而存在大量重复质押、重复担保、过度授信。信息数据分别散落在产业链条的各个环节企业上，必然存在着信息不对称的问题。有些企业就利用信息不对称，进行重复质押，过度授信等行为，极大地增大了投资机构的投资风险。在这样的情况下，投资机构必然从控制自身投资风险考虑，尽可能采取低风险的项目进行投资。而对于中小型企业，因为没有良好的征信体系背书，一般也没有可靠的抵押物，大的金融机构如银行一般也不会把资金投放给中小型企业。

对账成本高。由于各机构的信息系统没有形成有效的系统，无法实现资金流、物流、商流的有效统一，因此就需要定期对资金、物流等信息进行对账。这个对账的周期一般以季度、半年、一年为节点。对账的成本极高，且往往很困难。

基于以上的原因，目前，包括银行等大的金融机构在提供供应链金融服务中，主要还是围绕核心企业，做其一级供应商的金融服务，无法再延伸到更多级的供应商。因为，一级供应商与核心企业有直接的合同以及货物、财务的来往，信用数据更容易获得，征信成本更低。而且依靠核心企业的背书，一级供应商的违约概率往往很低，金融机构的风险也大大降低。而更上级的供应商很难得到较低成本的资金支持，不得不寻找利率更高的资金支持，进而大大增加了自身的成本，如图5-1所示。

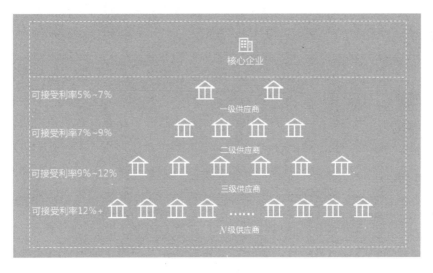

图 5-1　供应链金融成本

以核心企业为源头，供应链链条上的企业越远离核心企业，其融资的成本往往会越高，能够接受的利率也随之进一步增高。

如何能帮助中小企业缓解融资贵、融资难的问题是整个国家和政府都在关心的问题。是否能有某种技术手段，打破现有供应链金融产业链条的弊病，能够把核心企业的信用有效地传递到上游中小企业供应商，使中小企业更容易获得资金的支持，有效改善产业链条环境，使产业链条更健康有序地发展。

2. 供应链金融的核心内涵

供应链金融是指人们为了适应供应链生产组织体系的资金需求而开展的资金供给、风险定价、流程管理等活动，即围绕核心企业，通过对商流、信息流、物流、资金流的有效监控，以核心企业为依托，以真实贸易为前提，运用自偿性贸易融资的方式，通过应收账款质押、货权质押等手段封闭资金流或者控制物权，对供应链上下游企业提供的综合性金融产品和服务，是对银行单一企业主体授信模式的有益补充，满足了缺乏抵押、质押标的企业的过渡性融资需求，其效率源自资金周转率的提升，其效益源自劳动生产效率的提升。

早期的供应链金融以人工授信审批为主。银行授信依托核心企业家的信用来缓解银行对其上游的供应商或下游经销商授信风险，采取人工授信，一事一议，所以无法借助科技手段达到批量获客；随着信息化的发展，供应链中的核心企业开始采取ERP系统进行自动化管理，以降低库存成本和及时响应客户需求，银行也因此推出"银企直联"的业务模式，即在核心企业的配合下，银行对核心企业的供应商进行批量导流；由于互联网和大数据的普遍应用，大型供应链金融平台开始出现，系统整合商流、物流和资金流，成为多功能统一的集成服务平台，银行可以实时监控供应链上所有成员企业的交易信息和资金流向，降低银行交易成本与风控成本。

"供应链金融"主要特征是与供应链中的核心企业进行合作。供应链中的核心企业与供应商之间具有稳定的业务流和现金流，且核心企业对供应商具有较强的约束力，这种约束力是由买方市场下卖方承担较高信息成本和交易成本形成的，即由利益纽带联结。围绕核心企业，从原材料采购，到最终产品，最后由销售网络把产品送到消费者手中这一供应链链条，将供应商、制造商、分销商、零售商直到最终用户连成一个整体，全方位地为链条上的多家企业提供融资服务，通过相关企业的职能分工与合作，形成"1+N"的贸易融资模式，为供应链提供金融支持，实现整个供应链的不断增值。

供应链金融产品和工具主要是第三方金融机构提供的短融类信贷产品，包括对供应商的信贷产品，如存货质押贷款、应收账款质押贷款、保理等，也包括对购买商的信贷产品，如仓单融资（供应商管理库存融资）、原材料质押融资。此外，还包括供应链上下游企业相互之间的资金融通，比如购买商向供应商提供的提前支付折扣，供应商向购买商提供的延长支付期限等产品。除了资金的融通，金融机构还提供财务管理咨询、大数据分析、现金或账户管理、应收账款清收、结算、资信调查等中间业务产品。

供应链金融有效纾缓了供应链上下游配套中小企业融资困难，稳定了供应链结构，也将银行信用融入上下游企业的购销行为，增强其商业信用，促进中小企业与核心企业建立长期战略协同关系，提升供应链的竞争能力，而银行也因供应链的存在，以及核心企业和大数据分析的增信，促进了金融业务创新和用户群体拓展，打破了市场博弈的一般均衡，实现了供应链中的多方共赢。

3. 供应链金融的基础业务结构

1) 供应链金融的基础业务结构

传统融资工具都是围绕合格抵押物展开，供应链金融则应基于供应链各个主体之间的贸易关系和业务往来展开，而非根据供应商的实力和资质融资。因此供应链金融业务的操作关键在于有效锁定特定的现金流，实现融资项目资金与企业主体资金的风险隔离，从而将融资企业的主体风险和债项风险进行有效融离。因此，只要融资业务的债项现金流稳定且可控，即使承担融资业务的企业主体财务状况或者信用并不是很好，也可以实施操作。

企业发生资金缺口时的融资需求发生在三个阶段：采购阶段、生产阶段以及销售阶段。与此相对应的企业流动资金占用的三个科目：预付账款、存货及应收账款，利用这三个部分资产作为企业贷款的信用支持，可以形成应收账款融资、保兑仓融资以及融通仓融资三种基础的供应链融资模式。

第一类，应收类：应收账款融资模式。

应收账款融资是在供应链核心企业增信、反担保的前提下，供应链上下游的中小型企业以未到期应收账款向金融机构进行贷款的融资模式，可以帮助大量中小供应商及时获得短期经营性资金，保障企业正常生产经营，有序促进整个供应链生态健康，从而使整个市场运行富有活力。供应链金融从法律上又可细分为应收账款转让、应收账款转让及回购（转让人增加回购义务）、应收账款收益权转让及回购（转让人向受让人借款回购）等多种业务操作方式。供应链中的供应商是债权融资需求方，以核心企业的应收账款单据凭证作为质押担保物；核心企业是债务企业，并对债权企业的融资进行增信或反担保。一旦供应商出现无法还款的问题，核心企业需要承担金融机构的坏账损失。

第二类，预付类：保兑仓融资模式。

保兑仓是指企业在贸易中，核心企业、供应商、金融机构三方合作，核心企业凭采购合同向金融机构申请融资支付货款，并将提货权交由金融机构控制的一种融资模式。核心企业在缴纳货款后凭金融机构签发的提货单（或提货指令）向供应商提取货物。为有效控制提货权，金融机构往往采取仓单质押的方式。仓单质押是以仓单为标的物而成立的一种质权。仓单质押作为一种新型的服务项目，为仓储企业拓展服务项目，开展多种经营提供了广阔的舞台，特别是在传统仓储企业向现代物流企业转型的过程中，仓单质押作为一种新型的业务应该得到广泛应用。

第三类，存货类：融通仓融资模式。

融通仓是一种对物流、信息流、资金流进行综合管理的融资担保创新业务，其内容包括物流服务、金融服务、中介服务和风险管理服务以及这些服务间的组合和互动。其中"融"是指金融，代表着资金；"通"是指物资的流通，代表着物流；"仓"指物流的仓储，代表资产存储，因此物流企业与金融机构合作参与提货权控制，是融通仓融资的一个显著特点。融通仓业务通过上述供应链各方的集成，搭建统一管理、综合协调、业务集成的平台，使融资担保多样化，为企业的融资建立了更宽阔的桥梁和连接纽带。为规避抵押货物的贬值风险，金融机构在收到中小企业融通仓业务申请时，一般会考察企业是否有稳定的库存、是否有长期合作的交易对象以及整体供应链的综合运作状况，以此作为授信决策的依据。融通仓业务作为金融机构分散信贷风险的一种形式，可以实现共同治理信贷风险，同时为中小企业提供一体化物流金融服务，实现多方共赢的局面。

以上三种融资模式可以组合形成涉及供应链中多个企业的组合融资方案。例如，初始的存货融资要求以现金赎取抵押的货物，如果赎货保证金不足，银行可以有选择地接受客户的应收账款来代替赎货保证金，同时，针对核心企业、上游供应商、下游经销商提供不同的融资方案组合，综合运用优惠利率贷款、票据业务（贴现、开票）、透支额度管理、保理、订单融资、采购账户封闭监管、国内信用证、保函、附保贴函的商业承兑汇票等产品和工具。

目前供应链金融产品大多在存于货融资与预付款融资，以供应商还款作为主要还款来源进行授信的融资模式还无法实现，主要原因还是在于融资风险识别和控制难度较大。

2）供应链金融发展的制约因素

(1) 供应链金融操作规范缺乏。从现在供应链金融发展可以看出，对金融机构、核心企业及其上下游中小企业没有约定相对统一的操作规范，制度性运营风险较大。

(2) 供应链金融服务创新滞后。商业银行缺乏系统化的供应链金融产品设计，不能够满足供应链成员企业的需求，提供一揽子解决方案。与供应链的其他主体没有能够真正做到业务一体化，供应商质押物得不到有效监控。

(3) 供应链金融信息管理薄弱。供应链金融整合了商流、物流与资金流。由于供应链条上下游的企业往往都有自己封闭的 ERP 及财务系统，信息散落在供应链企业各自信息系统中，形成众多"信息孤岛"。由于供应链金融科技应用不足，线上的商流与线下的物流无法做到信息透明且全程可视、流通和融资环节信息重复验证，交易信息和财务票据可以遭篡改，且对账成本极高，增加了抵押货权的控制难度，容易形成重复质押、重复担保、过度授信甚至恶意违约等风险。

(4) 供应链金融风控能力不强。金融机构和融资企业在融资时所考虑的重点和要求有较大差异。金融机构在融资活动中主要关注安全、流动、盈利之间的统一，融资企业在融资活动中更加关注需求、成本和效益之间的统一。目前国内银行还没有形成一个独立的企业风险控制体系，没有建立专门的债务评级、运营平台、审批通道，市场交易因信用缺失造成的机会成本和财务成本较高，且在风险的度量上缺乏经验，还没有摸索出成熟的方法。因此金融机构在提供供应链金融服务中，主要还是围绕核心企业，做其一级供应商的金融服务，无法再延伸到更下层级的供应商，更多的供应商不得不寻找利率更高的资金支持，从而增加财务成本。

4. 如何将区块链技术应用到供应链金融

供应链金融是区块链技术的典型应用场景，区块链技术以下的几个特点可以实现供应链交易的各环节公开透明，不可篡改。

区块链技术是一个由点对点通信构成的网络共享账本。在这个网络里，多个参与方之间通过现代密码学、分布式一致性协议、点对点通信以及智能合约等技术机制，来完成数据的交换、处理、存储。同时区块链技术还在不断地发展和演进过程中，各种新的技术、实现和理念还在不断地加入区块链技术当中。

由此，我们发现，区块链并不是一种单一的新技术，而是将已有的各种技术结合在一起，形成一套完整的解决方案，从而解决如多中心化、不可篡改、不可撤销、信任传递等特性。

下面简要介绍区块链的核心技术，并结合供应链金融存在的问题，探讨区块链是如何帮助解决这些问题。

1) P2P 网络

P2P 网络（peer-to-peer network 对等网络）是一种对等计算模型在应用层形成的组网形式。通过其技术特点，网络上的各个节点地位是平等的，不存在任何特殊化的节点和层级结构，每个节点都会承担网络数据的交换、数据区块的验证等工作。一般情况下，网络中的节点是可以动态加入，加入的节点越多，网络的信任机制就越强。

供应链金融天生就是一个多方参与的商业模式。这里有核心企业，有各级供应商，有银行等金融机构。在这些角色中，每个角色都存在自身的利益诉求，同时又同其他角色有业务来往。如果能够建立起这样一个平等互利的网络，使供应链金融参与各方在平等的商业环境下进行业务开展，就能够大大降低整个商业交互的成本。

2) 共识算法

在区块链技术当中，P2P 网络上的各个节点所存储的数据具有强一致性。也就是说，所有网络节点的数据保持一致。那么如何保证节点数据的一致性呢？就是通过共识算法来实现的。不同的区块链网络可能采用不同的共识算法。如公有链中采用 POW、POS 等共识算法，许可链网络中采用 PBFT、Raft 等一致性共识算法。无论采用哪种算法，最终的目的都是为了保证网络上的节点数据具有一致性。一旦数据达成共识，记账节点就将生成的区块广播到整个网络中，这样全网都保存了已达成共识的数据，从而防止数据被恶意篡改。

在供应链金融当中，"信息孤岛"和信息不对称是突出的问题。各参与方无法实现信息的自由交互，而通过区块链技术，由共识算法保证各方数据具有一致性，且不存在一个统一的中心化机构来维护数据，从而大大降低建设成本，也使参与各方更容易接受。并且，这样的数据一致性是通过算法保证的，而不是通过人为来实现，因此保证了网络上数据的真实、可靠，降低网络中作恶的概率。

3）账本结构

区块链的数据结构相较于传统的数据库有所不同，它采用的是一种块链结构。也就是说，网络上的节点，通过共识将一段时间内的交易打包成一个区块，并广播到整个网络，并且通过区块的哈希值，将各个区块链连接起来。这样的数据结构，保证数据具有时间序列的特性，且不可修改和删除，只能添加和查询数据。上链数据往往采用密码学机制，保证数据真实可靠，并不可被篡改。

在供应链金融当中，最无法把控的就是数据的真实可靠性。金融机构征信的成本很高，如何判断重复质押，虚假票据都是令人头疼和棘手的问题。如果将所有线下验证数据都能够在线上实现，把各参与方的数据都记录到区块链上，保证数据不可撤销、不可删除、不可篡改，增加参与各方的作恶成本，这样就能够大大降低金融机构的征信成本，有效提高投资效率。

4）智能合约

智能合约是区块链的重要特性，是一种计算机指令，这些指令一旦定制或部署到区块链上,就能够实现自我验证和执行,并且不需要人为的干预。好比银行就是通过智能合约机制来帮我们实现账户的管理的,对账户的操作需要通过银行的授权,离开银行的监管,用户是无法实现最简单的存取款操作的。智能合约能够替代中心化银行的职能,实现链上各机构共同认可并维护的一种规则机制,并且将规则高效地执行。

在供应链金融领域,赊销是最常见的商业模式。在赊销的情况下,对账是最大成本开销之一,这里需要物流、资金流、商流的统一,涉及多个系统的数据一致。在传统的方式中,各系统的数据是割裂的,无法统一。当通过区块链技术,将供应链金融参与各方连接到区块链网络中,通过部署在区块链上的智能合约将各方的合约规则记录下来,并设置合约触发条件。一旦条件触发,即可自动执行合约里的规则,不受人工干预。比如在赊销对账环节,就可以引入智能合约机制,有效降低对账成本,提高效率。

因此,通过区块链特有的技术特点,能够实现网络上数据的价值传递,即:将核心企业信用传递给上游的中小型企业供应商,使他们能够获得一定的核心企业授信,从而获得较低成本的资金。通过区块链的不可撤销,不可篡改特性,保证上链数据的真实可靠,从而减低金融机构的征信成本,将资金更有效地投放到那些更渴望资金的中小型企业当中。在这个过程中,如果中小型企业融资成本降低,核心企业的采购成本也会降低,最终实现整个产业链条的良性发展,提高自身产业链条的竞争力。

5)基于区块链技术构建的供应链金融模型

(1)基于区块链技术构建应收账款融资模型

应收账款融资,可以帮助企业及时获得银行的短期信用贷款,有利于解决融资企业短期资金需求,实现整个供应链产业链条持续高效运作。应收账款融资流程图如图 5-2 所示。

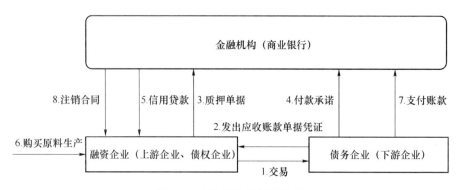

图 5-2 应收账款融资流程图

目前，金融机构对应收账款融资主要针对核心企业的一级供应商放款。因为，一级供应商与核心企业有明确的合同及业务来往，以核心企业的信用背书，金融机构很放心地为一级供应商提供服务。在产业链条长的供应链生态中，越是上游的企业越需要资金的支持，而金融机构却很难为他们提供服务。主要原因是越是上游的企业规模就越小，很少有抵押物品，企业信息化水平可能比较差，获取企业信用数据很难，从而导致金融机构征信成本高，风险大，不愿意提供资金支持。

如果采用区块链技术，可能从某种程度上缓解上游企业获取资金难、资金贵的问题。通过区块链将金融机构与各级供应商连接起来，由于区块链上的各节点数据具有一致性，从而使金融机构能够看到整个链条的数据信息，并且真实可信。这样，金融机构就有可能为上游企业提供金融服务。区块链技术下的应收账款融资模型如图 5-3 所示。

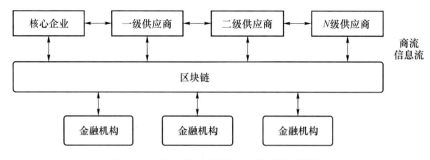

图 5-3 区块链技术下的应收账款融资模型

(2) 基于区块链技术构建保兑仓融资模型

保兑仓融资适用于卖方承诺回购条件下的采购。在核心企业承诺回购的前提下，经销商或者融资方向银行申请贷款额度，以核心企业在银行指定仓库的质押物为质押，并由银行控制提货权。保兑仓融资流程图如图5-4所示。

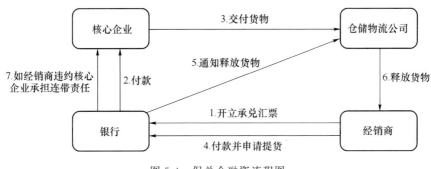

图 5-4　保兑仓融资流程图

首先，核心企业、银行、经销商、物流公司签订合作协议，承诺责任和义务。然后由经销商向银行申请开立承兑汇票。银行定向付款给核心企业，核心企业交付货物给物流企业，并将货物归属权交给银行。经销商向银行付款，并申请提货，银行通知仓储物流公司释放货物，由此整个流程结束。在这个过程中，一旦经销商有违约行为，银行会通知核心企业退回未提货物的款项，或者核心企业一并承担连带责任。

在这个模型中，以核心企业承诺回购为信用背书，使经销商能够在银行获得资金支持。但这里涉及多家机构，各家机构之间如果能够看到流程的整个过程，并且信息真实可靠，则更能提高效率，使流程更加高效。如果采用区块链技术，将原有机构与机构之间的信息传递共享到整个区块链上，使各家机构都能看到整个信息状态的流转。在这个过程中，区块链技术保证上链数据的不可篡改性，结合商业合同的法律约束，使经销商的违约成本大大提高。并且，通过区块链构建的信息系统并不属于任何一家机构，使这个系统具有更高的信任机制。区块链技术下的保兑仓融资模型如图5-5所示。

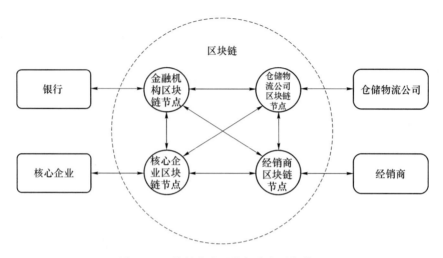

图 5-5　区块链技术下的保兑仓融资模型

（3）基于区块链技术构建融通仓融资模型

融通仓是指第三方物流企业提供的金融与物流集成式的创新服务，它不但为客户提供物流与仓储服务，还能为客户提供间接或直接的金融服务，以提高供应链的整体绩效。融通仓融资流程图如图5-6所示。

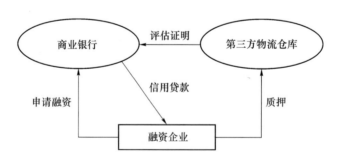

图 5-6　融通仓融资流程图

中小型企业申请融通仓业务融资时，银行重点考查的是企业是否有稳定的业务，存货是否具有稳定的价格和市场、是否有长期合作的交易对象及交易数据，以及整个供应链的综合运作状况，并以此作为授信决策的重要依据。商业银行也可根据第三方物流企业的规模，能力及信誉，将一定的授信额度授予物流企业，由物流企业直接负责融资企业贷款的运营和风险管控，从而简化流程，提高融资企业的产销供应链运作效率，同时也可以转移商业银行的信贷风险，降低经营成本。

融通仓业务最大的问题是存在重复质押的风险，即融资企业向多家金融机构申请融资。因此，在该场景中，物流仓库起到至关重要的作用。其物流数据的真实性对金融机构风控具有重要的参考价值。如何保证数据真实可靠，不可恶意篡改，并具有可追溯性，对风险管控具有重要意义。而区块链技术的特点，正好能够保证数据的真实可靠。通过区块链技术，将第三方物流仓库的信息与融资企业的信息都同步写入区块链，一旦写入就不可篡改。再加上一定的法律条款约束，保证连接区块链各方角色对链上数据承担法律责任，这样就能够保证数据真实可靠。以真实的数据为基础，金融机构就更容易将资金提供给融资企业。区块链技术下的融通仓融资模型如图 5-7 所示。

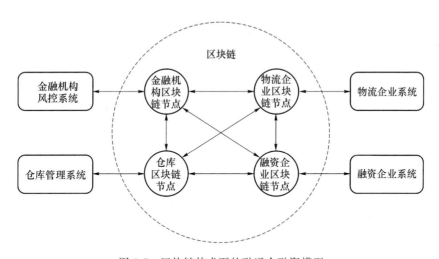

图 5-7　区块链技术下的融通仓融资模型

5. 案例分享

区块链技术在供应链金融领域的应用很广泛，在此我们以汽车供应链金融为例进行研究。

汽车行业是典型的制造型行业，主要特点是供应链条长、供应商多、集成度高。一个整车的零配件数千个，配套的供应商需要数百家企业。在整个产业链条中，供应商也存在不同的级别，供应商的上游还有供应商。越往上游发展，企业的规模一般越小，资金越少，获取资金能力越差，资金成本越高。这类型的制造行业，一般都采用赊销的方式进行生产及合作，账期一般在3~6个月，甚至有的需要年付年结。这就给上游供应商带来了极大的资金压力，这些中小制造业的企业急需资金支持，然而银行又很难给这些企业提供资金服务。

1）融资存在的问题

(1) 虚假信息：供应链环节中存在虚假信息（假客户、假交易、假资金用途、假仓单和应收账单）。供应链环节往往错综复杂，很多融资凭证需要线下盖章、确认，从而存在着大量造假的机会。投资机构对虚假凭证、单据进行验证往往需要极高的成本和代价，甚至因担心承担虚假信息的风险而放弃投资机会。因此，虚假信息的存在极大地伤害了供应链融资环境，增大了投资成本和征信成本。

(2) 信息孤岛：目前，汽车企业信息化程度相对较高，但信息散落在供应链企业各自信息系统中，流通和融资环节存在信息重复验证，效率低下。供应链条上下游的企业往往都有自己的 ERP 及财务系统，而这些系统基本都是无法打通的，存在"信息孤岛"问题。这样就给融资造成了极大的难度，融资征信的成本大大增加。有些产业链条上游的中小企业，出于成本的考虑，信息化程度不高，甚至没有 ERP 或财务系统，这样，金融机构更是没有数据考量，这也是目前中小企业很难从大的金融机构获得资金支持的一个主要原因。

(3) 重复质押：信息的不对称造成大量重复质押、重复担保、过度授信等问题。车企贸易采购的信息数据分别散落在汽车产业链条的各个环节企业上，存在着信息不对称的问题。有些企业就利用信息不对称，进行重复质押，过度授信等行为，这样极大地增大了投资机构的投资风险。在这样的情况下，投资机构必然从控制自身投资风险考虑，尽可能地采取低风险的项目进行投资。而对于中小企业，因为没有良好的征信体系背书，一般也没有可靠的抵押物，大的金融机构如银行一般是不会把资金投放给中小企业的。

(4) 对账成本高：由于各机构的信息系统没有形成有效的系统，无法实现资金流、物流、商流的有效统一，因此就需要定期对资金、物流等信息进行对账。这个对账的周期一般以季度、半年、一年为节点。对账的成本极高，且往往很困难。

基于以上的原因，融资服务主要还是围绕核心企业，做其一级供应商的金融服务，无法再延伸到更多级的供应商。因为，一级供应商与核心企业有直接的合同以及货物、财务的来往，信用数据更容易获得，征信成本更低。而且依靠核心企业的背书，一级供应商的违约概率往往很低，金融机构的风险也大幅降低。而更上级的供应商很难得到较低成本的资金支持，不得不寻找利率更高的资金支持，进而大幅增加了自身的成本。

2）解决思路

在供应链金融应收账款融资场景中，存在多个参与角色，因此非常契合区块链技术多方参与的特点。在产业链上下游的资金、信息流转过程中，如果能够把信用也随之一同传递，即可大幅提高效率。而区块链技术正是能够实现链条的信用传递。

传统的商业模式中，以汽车制造核心企业为例，商票是最常用的赊销凭证。原有的供应链金融服务中，也存在票据的转让、抵押等服务。但这些服务的前提都是以票据的持有方为服务对象。而在商票中，仅能体现合同双方以及合同额的简单信息，无法将产业链条的信息都体现出来，从而也就无法将这种商业行为信用有效传递。

通过区块链技术，将商票的信息上传写入区块链平台，记录到区块链上。通过区块链的价值传递特性，能够将商票中的部分信用拆分传递给上游企业，从而实现核心企业的信用传递给其上游各级供应商。

金融机构能够在区块链上查找到各级供应商企业的融资申请，并能够溯源到最源头融资凭证，从而根据自身金融机构的风险评估，给予各级供应商相应的资金服务。通过这样的方式，实现将核心企业的信用价值传递给其各级供应商，帮助其供应商以更低廉的成本获取到资金的支持。汽车行业供应链融资模型如图 5-8 所示。

图 5-8　汽车行业供应链融资模型

3）解决方案

(1) 实名认证

由于供应链金融中，贸易融资往往都是大额资金，资金往往少则几万十几万元，多则百万千万元，因此，在区块链上的操作都必须实名认证才能够允许进行。这里的实名认证不单单是在区块链平台，还需要通过第三方的实名认证机构进行认证，保证所有操作都具有法律效力。另外，像票据的上传和审核如果需要，也可以将电子数据保存到第三方司法认证机构做证据保存，为日后出现法律纠纷做证据支持。

通过实名认证后，各参与方在平台上的任何操作都需要接入硬件 U key 才可以。也就是说，用户的所有操作最终都是要有硬件签名作为依据的，任何资金的确认来往都是需要有签名操作才可以实现的。

而区块链平台,通过将区块链地址与 U key 中的公钥进行绑定,从而实现区块链地址与用户公私钥的唯一映射。从而确保区块链上所有的数据都与用户行为一一对应,并具有法律效力。

(2) 真实贸易数据为基础

区块链能够保证线上数据的真实可靠,但上链的数据需要由企业及金融机构一同背书并认可。因此,所有信用的源头即商票的开出需要由信用好的核心企业开出,甚至由第三方的担保机构进行担保。而所有这些动作,都会记录到区块链上。只有从源头保证上链数据的真实、可靠,才能保证整个区块链平台运转的安全稳定。

在核心企业给一级供应商开具商票后,一级供应商就可根据自身的生产和采购情况,将商票进行拆分,将拆分的一部分流转给其上一级的供应商,作为付款凭证。通过这样的拆分传递,就能够解决传统商票信用无法传递的问题。将传统商票确认并数据化上传后,即可将其进行数字化的拆分、流转。在流转过程中,可以查到商票的源头是由某个核心企业开出的,从而就实现了将核心企业信用逐级传递。

在每次拆分和传递过程中,都需要参与方进行签名验证,从而保证所有的数据都是以真实贸易为依托,并且写入区块链不可篡改、不可撤销、可追溯查询。区块链技术下汽车行业融资模型 (1) 如图 5-9 所示。

(3) 线上处理

传统的供应链金融服务往往存在很多线下操作,如:合同审核,票据确认等。线下操作风险极高,给予欺诈、重复融资的机会。采用区块链技术,将所有线下操作都统一到线上,将所有合同、凭证数字化后,上传并保存。所有操作都采用数字签名验证,具有法律效力。从而杜绝刻假章,出具假票据的现象发生。另外,采用线上操作,使各参与方都能够很方便地查看凭证数据,提高审核效率。

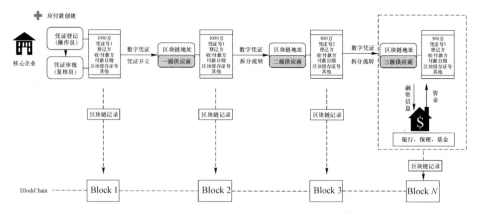

图 5-9 区块链技术下汽车行业融资模型（1）

（4）银行资金监管

在现有金融环境中，银行的金融监管级别是最高的，也是最安全的。因此，区块链上的数据需要跟银行的企业账户系统进行对接，最终，所有的资金监管风控都是由银行机构来完成的。而且，在区块链上记录的资金数据与银行的账户一致，可以帮助银行账户完成资金的清分功能。当资金打入企业账户时，企业提取资金必须满足银行对资金的监管要求，如：按照一定的时间、数额提取，才能够提取相应的资金。这样，既能保证企业的融资效率，也能保证金融机构的资金安全。

（5）自动清分

将所有融资的规则以及还款规则写入区块链的智能合约当中，能够有效保证资金的自动流转，降低人为干预。

在传统的供应链贸易中，往往存在着某级供应商拖欠账期，从而损害其上游各级供应商的利益。从整个供应链生态来看，这种情况大大损害产业链条的健康，侵害上游供应商的利益，提高其成本，最终还是会传导到核心企业，影响核心企业的利益。因此，通过智能合约机制，能够有效地杜绝拖欠账期的发生。当核心企业兑现了它的商业承诺，就可以触发区块链上的智能合约，从而将该凭证链条下所有的资金按照清分规则，清算到各个企业、金融机构的账户中。不但有效遏制拖欠问题，同时还降低对账的成本，实现实时对账。区块链技术下汽车行业融资模型（2）如图5-10所示。

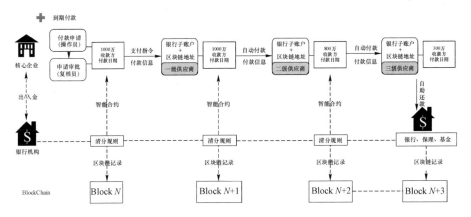

图5-10　区块链技术下汽车行业融资模型（2）

（6）部署方式

区块链是一个多方参与的分布式系统，各参与方统一维护一个一致的账本。因此，在部署过程中，参与方可提供一个区块链节点，既参与区块链数据共识，同时参与账本维护。考虑到维护成本问题，一般由核心企业，大的供应商，大的金融机构参与区块链节点的建设和部署，其他机构参与方直接接入区块链平台即可。

（7）方案优势

通过区块链技术，连接了供应链上下游各链条及金融机构，把物流、资金流、商流信息能够有效地整合到一起，具有如下优势。

① 高信用。整个信用链条以核心企业为起点，将核心企业的信用传递到产业上游中小企业。

② 成本低。产业链上游中小企业能够获得核心企业的信用，以较低廉的利率获取资金服务。

③ 获客易。金融机构通过核心企业的信用传递，可以把更多核心企业上游多级供应商当成目标客户，且征信成本很低。

④ 易追踪。通过区块链技术，所有交易都可从链上追踪查询到，并可永久保存。

基于以上优势，以区块链技术为基础，实现汽车行业供应链金融的应收账款融资平台，可以实现对核心企业、上游中小企业、金融机构多方共赢。缓解中小企业融资贵、融资难问题，扩大金融机构投资渠道，降低投资风险，丰富核心企业的产业链条，使其产业链条更加健康、高效。

6. 展望

在供应链金融中通过区块链技术可以更好地解决供应链中处于弱势的中小企业解决融资难的问题，提升供应商的供应能力和分销商的销售能力，进而稳定核心企业的供销渠道，提升核心企业的市场反应能力和市场竞争力，促进并提高整个供应链链条中资金的利用与统筹效率。

目前区块链技术本身依然存在着高能耗、数据存储空间局限和抗压能力弱等问题；区块链技术在应用上存在着算力难以保证系统的稳定性、制度建设和法律监管相对滞后、行业的复合型人才缺乏和信息共享的制度存在壁垒等问题。应该鼓励对区块链技术的深入研究和区块链应用的不断实践。

减少欺诈、降低成本、提高效率，这是区块链技术的突出优势。区块链技术的广泛应用必将加速"数字化信用社会"的到来，势必引发政府管理形态和社会公信力的变革。区块链技术将成为发展数字经济的重要技术引擎，行业应用领域发展潜力巨大。

第6章
区块链应用场景——保险

1. 背景

1) 保险行业背景

2017年，中国全国行业实现原保费收入36 581.01亿元，保险深度（原保费收入与GDP的比值）为4.42%，比2016年的4.16%，微升0.26个百分点。国务院在2014年8月印发的《国务院关于加快发展现代保险服务业的若干意见》（业内称为新"国十条"）规划到2020年将保险深度提高到5%。而据瑞士再保险数据，美国2016年保险深度为7.3%。可见，尽管中国保险深度在逐年提高，但是与美国相比，市场空间仍然有待进一步挖掘。互联网保险或许不失为提升中国保险深度、深挖中国保险市场的一种选择。

从实务情况看，中国的互联网保险确实具有较大的潜力。但在2011年以前，市场上还没有出现单独的规范性文件正式对互联网保险提出监管上的要求。2015年7月，《互联网保险监管暂行办法》出台后，互联网保险开始进入规范监管时代，文件对经营主体、经营方式、自营网络平台条件、三方网络平台条件、经营险种、信息披露、经营规则等主要方面均做出了较为明确的要求，为互联网保险的规范提供了依据。2015年9月出台的《关于深化保险中介市场改革的意见》，推行了独立代理人制度，为第三方平台开辟了广阔空间。

关于互联网保险的概念，目前学界和业界尚未统一界定。理解互联网是理解互联网保险的关键，互联网不断发展的作用形式也使互联网保险的内涵不断演进。一般而言，作为媒介的"互联网＋保险"是最早也是最被广泛接受的一种定义，我们将其称为"互联网保险1.0"。这个意义上的互联网保险，是将传统的保险产品在线上金融销售的保险业态。"互联网保险2.0"则将互联网看成"作为生态的互联网"，不仅将互联网当成销售媒介，而是将保险与互联网生态相耦合，依托于互联网生态中的各个场景提供相应的保险产品。而正在演进中的"互联网保险3.0"则回归了互联网作为一种技术的本源，但是这里的技术不是简单的互联网本身，而是依托于互联网生态所发展起来并为保险赋能的一整套技术，是包括大数据、云计算、区块链、人工智能等科技的有机整体。在这个意义上，我们可以将其与流行的保险科技（InsurTech）画上等号。

互联网保险各代的逐次演进不意味着后者对前者的替代，而是后者在前者基础上的丰富和发展。从保险价值链模型来分析，"互联网保险1.0"是再保险产品营销环节上与互联网相融合，而"互联网保险2.0"则进一步拓展到保险产品开发，"互联网保险3.0"则是互联网与保险价值链的全方位融合，并独立出数据和技术两个新的价值链节点，为保险企业带来新的利润增长点，同时也为保险行业的发展带来了全新的机遇。[1]

保险目的是有效对冲和管控风险，而制度和技术是风险管控的关键。基于区块链技术的不易篡改、可追溯特性，强化信息对称与交易安全，建立多

---

[1] 引用自零壹财经《金融科技发展报告2018》

方验证的交互式共识信任机制,搭建实时的"点对点"管理和监控系统,确保系统中的任何终端均无法作弊,实现保险资金流向合规、安全交易和跟踪监控,从而降低监管成本,提高监管效率,减少违规行为。区块链技术为保险业将身份管理、数据和流程的所有权和管理权授权给客户,构建一个具有刚性约束和透明可靠的信任体系,并通过利用新技术和新战略,推动保险行业改善业态结构,提高服务质量,创新商业模式,促进战略转型。

2)传统保险行业的现状

保险是一种契约经济关系,是投保人与保险机构之间的合同关系,是广泛应用的金融风险管理工具,也是金融市场体系和社会保障体系的重要组成部分。保险业务是客户与保险公司之间在法律框架下,基于信任双方自愿达成的协议与支付承诺。一方面客户提供可保险利益的准确个人信息,另一方面又要求保险公司提供优质的保险产品及服务,并保证业务流程的完整性、透明度。

当前中国保险业正处于一个快速发展阶段。首先,从保险行业整体发展形势而言,中国是保险大国,却不是保险强国。衡量一国保险业发达程度的指标除了看保费收入外,还要看保险深度(保费收入/GDP)与保险密度(保费收入/总人口)。而中国目前保费收入虽居世界第三位,但保险深度和保险密度浑然没有达到世界平均水平,保险的普及程度、险种的丰富程度、费率的优化程度、投保的受惠程度、市场的开放程度也有很大改善空间。其次,从保险行业商业模式和技术系统而言,存在着增值服务不够、保险消费误导、理赔效率低下、行业信息不对称,骗保骗赔信任缺失等问题。因此,如何从技术层面推动保险业务健康快速发展,成为保险企业保持竞争力并取得竞争优势的决定性因素。

3)互助保险的兴起

大数据、人工智能、区块链等技术与保险业务深度融合,给保险业务提供了更多的拓展空间，并促进了互助保险的兴起和发展。互助保险与传统的商业保险在商业模式上有很大的不同，可以降低参保成本，并惠及更多的民众。

互助保险依托于互联网技术，使保险的营销成本大大降低，其线上交易给人们带来了极大的经济性和便利性。但同时，用户的个人信息、资金去向等相关信息都面临着泄漏的风险。同时，目前主流的互助保险平台在机制设计上还存在着缺陷，很多环节为了追求效率、节省成本存在违规操作的风险和隐患，可能导致运营方违规篡改保险数据甚至挪用保险资金等问题，从而给投保人带来一定的损失。虽然，目前互助保险的个人投保金额额度都不高，但如果按照保险产品的正规定义，目前的市面上的互助保险产品还很难称得上合格的保险产品。

因此，保险行业需要积极寻求新技术和新模式完善管理机制，提升服务水平。区块链技术具有去中心化、信息不可篡改、透明公开、信息安全等特点，运用在保险行业，有助于加强对客户信息的保护、降低信息不对称风险、降低互联网保险成本，并可实现信息流、价值流的共享传输，为保险行业的技术发展创造了新的机遇。

2. 保险与区块链具有相似的特点

区块链应用到保险的场景中，主要是因为保险与区块链具有共同的特点。保险是一种社会和经济的制度安排，其存在的重要基础和核心内涵是个体的集合与协同，继而实现基于市场机制的社会互助。区块链通过一系列技术手段构建"全网共识"，其目的也是建立基于算法的相对刚性和高效的个体集合和协同，继而为相关管理提供技术实现和保障。

在保险领域，应用区块链技术，应重点关注并应用共同的特点属性，从而保证区块链技术能够为保险提供有力的支持。

1) 唯一性

"唯一性"是保险经营的难点和痛点,同时,也是区块技术的特点和亮点。因此,区块链的出现无疑为解决保险领域"唯一性"难题提供了全新的可能,这也是保险领域区块链技术应用的重要切入点。

在保险经营过程中,"唯一性"问题是围绕着保险利益展开的,而保险利益往往是依附于人的,因此,人的唯一性是保险利益唯一性的基础。大多数保险欺诈犯罪都与"唯一性"有关,最典型的是养老金冒领问题。从传统的角度看,保险业在解决"唯一性"问题的过程中,更多的是采用"物理"的验明正身的方法,但这种做法对于许多高龄,甚至卧床的老人而言,显然存在不可操作性问题。此外,保险行业为打击保险欺诈行为,每年都要投入大量的人力物力,对整个保险行业的效率带来巨大的影响。

区块链技术的一个重要特点是能够较好地解决身份识别问题,由于采用了分布式技术,不再依赖于"认证中心",因此,这种解决方案的效率更高、更加安全、更加便捷。更重要的是,这种数字身份,包括个人数据的控制权,都属于所有者,摆脱了完全依赖"他证"的尴尬和不公,这不仅是技术进步,更是人性的彰显。"自证"逻辑的回归,不仅是社会治理的进步,更可能带来社会文明的进步。同时,这种技术不仅能够应用在人的身份管理领域,还可以广泛应用在物和事的管理领域,为创新提供了更大的想象空间。

2) 时间性

人类所有的活动均在时空背景下展开的,因此,"时间性"是社会管理的重要基础。"时间性"的本质也是解决唯一性的问题。时间的刚性管理是保险经营的重要基础,也是难题所在。区块链的"时间戳"技术为时间的唯一性管理提供了理想的解决方案。

大多数的保险责任均是以时间为基础的,具体表现为"保险期限",同时,保险事故也具有显著的时间属性。因此,"时间管理"无疑是保险经营管理的重点，它不仅是认定保险赔偿责任的重要依据，也是防止保险欺诈的重要基础。在保险经营过程中，许多道德风险均围绕着"时间性"展开的，从内部看，存在"倒签保单"问题，从外部看，存在"先出险，后投保"的问题。

区块链的最大特点是"时间戳"机制，它让全网的记录者在每一个区块中都盖上一个时间戳来记账，表示这个信息是在这个时间写入的，每笔数据均是可以检索和查找的，并追本溯源，逐笔验证。同时，形成了一个不可篡改、不可伪造的数据库。这种机制，从技术的层面解决了时间的唯一性管理问题，确保了交易的不可逆转性，有效防止"双花"（重复消费）、欺诈、滥用和操纵交易等问题。例如，比特币网络，就是通过区块链设定的各种规则，构建了一个难以攻破的、公开的、难以篡改交易记录和制造虚假交易的诚实系统，确保了比特币的公信力。

3）安全性

在互联网时代，信息安全无疑是至关重要的。从广义的角度看，信息安全包括了保密性、真实性、完整性、未授权复制和所寄生系统的安全性。从狭义的角度看，信息安全是建立在密码技术基础上的。信息（数据）安全对保险业的意义是不言而喻的，而区块链技术为信息（数据）安全管理开拓了一个全新的空间，继而为保险的创新发展提供了新的可能。

保险是一个以信息（数据）为基础载体的行业，保险的生产过程，就是信息（数据）的处理和管理过程，因此，保险风险也必然与信息（数据）安全密切相关。保险也不仅有基于自身运营的信息安全问题，同时，还面临着客户信息安全，特别是隐私保护的问题。尤其是在大数据时代，保险业面临很多新的挑战，而应对挑战的一个重要前提是解决好信息安全问题，否则，不仅创新发展无从谈起，经营管理也面临着巨大压力。

安全性是区块链技术的一个重要特征。区块链的安全性主要体现在两个方面：一是协作节点之间的共识机制的安全性，即在能够具有一定容错能力的前提下保证共识的达成，并可识别出恶意行为且能够有效应对；二是数据本身的安全性，区块链结构中应用了数字签名算法、哈希算法等多种密码学算法组合，能够保证信息（数据）的有效性、不可伪造性和不可抵赖性。区块链的安全性解决方案，具有相对彻底和维护成本低的特点，因此，具有巨大的应用空间和前景。

3. 如何将区块链技术应用到保险领域

金融是一个以信任为基础的行业，保险更是如此。保险合同属于射幸合同，其对于信任的依赖是"与生俱来"的，因此，信用是保险经营的重要基础。同时，"最大诚信原则"是保险存在的重要前提，更是保险制度社会效率的基本保证。在区块链时代，"算法信任"不仅使社会信任体系的重构成为可能，也给保险经营管理模式，乃至整个业态的存在带来了新的挑战和机遇。

随着金融产品越来越复杂，保险也应该回到起点，重新认识保险的本源、目的以及业务逻辑。在区块链提出技术理念后，是否可以利用区块链思想重新构建保险的商业模式，从更加公平和高效的角度，重新思考如何实现保险行业构建信任。

1)"最大诚信"的困境

保险作为一种社会经济制度，面临的最大挑战是道德风险和"逆选择"。如果将保险作为一种普通的经济合同，那么，这些问题是难以解决，或解决的成本很高，势必挑战制度存在的公平与合理。为了解决存在的问题，在保险制度的设计之初，将"最大诚信原则"明确为制度的基本原则，要求合同双方应遵循最大善意的原则。

作为一种原则规定，其刚性往往是不确定的，因为，"最大善意"作为一种主观是难以客观评判的，它更多的是建立在信任体系上的。为此，在保险制度设计中,将这一原则具体落实为"告知义务"。告知是指合同订立前、订立时及在合同有效期内,要求当事人实事求是、尽自己所知、毫无保留地向对方所作的口头或者书面陈述,以便对风险情况做出客观判断。告知分为无限告知和有限(询问回答)告知两种。

从制度设计的角度看,告知义务的本质是合同责任的分配,分配的原则是社会效率的最大化,即在信息获取手段有限的时代,保险人要获取被保险人的风险信息,存在不可能,或获取成本过高的问题。因此,通过告知义务的安排,让投保人主动告知,就能够实现社会效率最优。

互联网和大数据时代的到来,极大地丰富和提升了人们获取信息的手段和能力,实现了社会意义上的信息平等,从根本是改变了传统的"信息不对称"格局。所以,如果继续采用最大诚信原则,就可能面临新的不公平问题。在近年的一些司法实践中,一些法院对于保险公司的以违反告知义务为由对被保险人拒赔案件,采取了质疑和不支持的态度,这从一个侧面反映了法院在新的历史条件下对合同责任分配公平的再解读。保险行业是需要重新思考对"最大诚信原则"的理解和实践问题。[①]

2) 计算信用

区块链之所以能够构建信任,是基于其独特的"计算(机器)信任"的功能,而这种功能是建立在全网共识机制基础上的。区块链记录信息的产生需要所有网络节点或节点代表达成共识并进行确认,一旦生成将永久记录,连续可溯源,且无法篡改。任何个别协作节点未经全网共识确认形成一致的信息记录或更改,都不会被认可,亦不会被记录在区块链上,保证了基于全网共识的"刚性信用"与"自动化信任"。因此,区块链通过构建P2P自组织网络、时间有序且不可篡改的加密账本、分布式共识机制,从而实现不依赖与特定中心的信任的全网记账,共同公证,创造基于计算机算法那种不依赖第三方的信任机制。

---

① 引用自《保险区块链研究》

这种信任的基础是基于统一信息和统一算法，继而得出对信用的评估结论。同时，这种信用不仅不依靠任何一个第三方的存在，也不依赖任何一个有形的中心存在，而是通过"节点"的方式广泛和共同的存在，因此，这种信用既具有自信用的特征，也具有公信用的特征。这种信用体系，超越了传统和常规意义上需要依赖第三方信息验证模式，最大幅度降低信用的简历和维护成本。

3）从"前信任"到"后信任"

保险的本质是互助，信任是保险（互助）存在的基础。最初的人类社会互助是建立在一定的社会组织和人际关系的基础上，如：部落、公社、家庭和城邦，这种互助模式具有天然的信任基础，不仅有人与人的关系保证，更有组织约束的存在。但在现代社会体系里，特别是在市场经济环境下构建的保险制度就面临着信任及其刚性约束的问题。

从保险（互助）制度设计的角度看，信任可以分为"前信任"和"后信任"两种。传统的互助是采用"后信任"模式，即每一个参与互助的成员无须事先支付保费，而是通过某种有形或无形的方式，承诺事后参与损失分摊。商业保险制度是采用"前信任"模式，即投保人需通过事前签订保险合同并支付保费的方式，构成对互助分摊的承诺，从而获得参与互助的资格以及自身的损失补偿的确定。

在市场经济条件下，商业保险制度采用"前信任"模式，目的是确保作为射幸合同履行的刚性，但与此同时，也带来了效率问题，即制度的运行成本较高。随着互联网时代的到来，尤其是区块链技术的应用，给了人们反思和提升效率的机会，其核心是区块链给了在市场经济条件下构建"后信任"体系以可能，因此，我们有理由相信：在区块链技术的支持下，社会将迎来相互保险 2.0 时代。

4)"数权"意识与保护

随着大数据时代的到来,社会将呈现"三个更加"的趋势,即更加透彻的感知、更加全面的互联互通和更加全面的智能化,这三者推动社会的全面数字化,为以数据挖掘技术为代表的各种商业模式创新提供了空前的机遇。但与此同时,其带来的突出和尖锐的社会问题是个人数据的隐私保护问题。

从目前的情况看,由于缺乏数据隐私保护的意识,同时,也缺乏保护的技能,导致大多数民众在享受互联网等技术带来便利的同时,也使自己的信息隐私处于"裸奔"的状态,最典型的例子是各类 App 应用,运营商均采用各种隐性的技术手段,迫使消费者不得不接受其获取消费者信息的条件。

面向未来,社会势必将更加深入地数字化,而对数据的利用也将给人类带来更大的福祉,但随之而来的是日益突出的个人数据隐私保护问题。为此,需要从制度和技术两个层面入手,加以有效解决。从制度的层面看,关键是要树立"数权"的概念和意识,即与个人相关的,且涉及其切身利益的数据属于个人所有,未经许可,任何人不得擅自利用。国家应当通过立法的形式,将"数权"作为人身权和财产权一样,纳入人的基本权利加以保护。从技术的层面看,应将"数权"保护纳入信息安全管理范畴,尤其是在数据安全方面的技术作为重要的技术保证。

大数据时代,无疑为保险的创新和发展提供了广泛空间和机遇,同时,行业也面临着"数权"保护问题。保险也只有更加主动和切实地维护保险人的数据隐私,才能为构建信任奠定基础,数据利用才能有前提和保证。为此,保险行业除了要依法合规地利用数据外,还要结合业务实际,创造性地开展"数权"保护,包括对区块链技术的关注、研究和利用。

5)保险应用区块链的实现路径

将区块链与保险业务结合,需要完成区块链与现有保险业务系统的融合。在技术层,通过密码学、数字签名、哈希、时间戳等技术手段实现用户身份验证、数据保存等问题；在业务层，通过智能合约实现更丰富灵活的跨系统业务逻辑，使多方合作业务更容易实现；而区块链的 P2P 通信、分布式数据存储架构技术能够实现系统多中心化计算和存储，从而在互联层和数据层上保障了系统数据的安全和可靠。

一个基于区块链的保险项目就是要通过区块链的技术特点，在数据层、互联层、业务层、技术层上提供有力的支持，保障保险相关的业务层各个系统正常运行。与中心化信息系统不同，区块链是一个多方参与的分布式系统，相对于传统的集中式信息系统，在同一条区块链上一般会有多个业务系统进行连接，并进行业务交互。在基于区块链技术的保险业务中，一般可以通过如下几个步骤来实现。

（1）确定各个参与方

一个基于区块链的保险系统，首先要确定参与的各个机构。如在寿险中，一般需要保险公司、医疗机构、银行等参与方加入区块链系统中来，共同参与区块链系统的建设。而在财险中，以车险为例，可能就需要保险公司、交管机构、银行等参与到区块链系统的建设中。甚至，可以将保险监管机构加入区块链中，成为其中的一个重要角色或者机构。区块链天然的共享账本特性，可以有效地提高监管的效率，从而提高区块链参与各方的公信力。

参与的各方往往是由业务决定。可能同一条区块链上，有多家医疗机构、多家银行、多家保险公司参与。有的同行业的参与方还存在着竞争关系，因此，如何协调上链的各个参与方关系往往成为系统建设的关键。一般在项目开始阶段，每个角色都只允许一个参与方加入到区块链上来，比如一家银行，一家医疗机构，一家保险公司，使业务逐步开展起来，后续如果有某个机构想参与进来，需要与已进入的机构进行沟通、协商，得到允许后就可以加入进来。参与保险业务区块链的各方，一般要遵照一定的行业规范，可设定一定的条款约束参与区块链的各方机构。参与方越多，区块链上的验证节点就会越多，就更容易形成多中心验证，从而实现去中介化，降低机构运营成本。

从系统建设考虑，也要确定各个参与方的接入顺序。在保险行业应用场景中，保险机构管理模块和投保人管理模块处于核心地位，需要优先接入。而医疗机构和银行机构可在保险业务系统接入后进行接入联调。政府监管管理模块可根据需要再酌情考虑接入，这样能保证系统建设的有序稳妥。

(2) 确定上链数据内容及格式

由于区块链连接了各个业务系统，而各业务系统往往都是已有的，并且由参与方自己建设完成。因此，就需要各参与方约定上链数据的内容及格式，从而实现通过链上数据的互联互通，达到信息共享的目的。因此，需要在数据层中，在投保人身份识别数据模块、保险机构业务处理数据模块、其他社会关联机构之间达成数据层面的共识，提炼共同认可的数据内容和格式。

数据内容的确定。确定上链数据的内容是整个区块链项目建设的重点，往往决定项目建设的难易程度以及项目建设的周期。而数据内容的确定一般又是由区块链上参与的多方角色一起制定商讨出来的，这个讨论过程又往往是艰难的。比如在保险公司、医疗机构、银行的三个参与角色中，参与的各方从自身利益角度出发，一定不会将自己全部数据都写入到区块链上。银行从信息安全的角度出发，不会发布用户的资产情况，一般只提供转账服务和一定的账户信息。医疗机构从保护病患信息角度出发，不会将患者的病史信息发布到区块链上，一般只会提供病人的自然信息以及医疗过程中的费用清单等相关信息。保险公司一般只会将保单中的部分信息写入到区块链上，而其后台的一些分析计算数据一般没有必要写入到区块链上。因此，对于上链数据的确认不是一蹴而就，而是需要参与各方多次讨论才能最终确定数据的内容。

数据格式的确定。在数据内容确定的基础上，需要对上链数据的格式进行确定。由于区块链采用了创造性的块链式的数据结构，从而实现了不可篡改、可追溯等特性。但正因为采用块链式的数据结构，一般情况下，区块链上的数据不易过大，如视频、音频、图片这样的数据不适合写入到区块链上。

如果业务系统需要处理音视频这样的大文件，一般采用将大文件进行哈希运算，将最终的哈希值保存到区块链上。其他的文本类信息可根据各业务系统的情况，以 xml、json 等各种流行的数据传输格式记录到区块链上。

(3) 各业务系统的改造及与区块链对接

在参与方、上链数据的内容、上链数据的格式都确定后，就需要将区块链与参与各方的业务系统进行对接。一般业务系统是由参与方各自建设并维护的，要想与区块链进行对接，或多或少要对原有系统进行一些改造或升级。在这个过程中，需要区块链技术人员与各业务系统开发运维人员进行沟通。沟通的内容主要有两方面。

原有业务开发人员对区块链技术和开发方法的学习和理解。因为区块链是一种新的技术解决方案，相对于传统的中心化信息系统存在着很大的不同。业务开发人员需要学习理解区块链的去中心化的理念，了解数据加密解密以及签名验证的概念，初步认识共识机制的原理和特点。除此之外，业务开发人员还要学习区块链的开发接口，只有充分了解了接口功能，才能有效发挥区块链技术的特点，完成业务逻辑的编码和测试。

区块链技术人员对保险行业业务和流程关系也需要学习和理解。保险行业是一个传统的金融行业，但也在不断地创新发展，采用区块链技术就是其重要的突破。这也要求区块链技术从业人员，要快速学习包括保险在内各种金融业务。区块链技术人员应该做到快速理解保险业务系统的逻辑关系，数据的存储方式，这样，才能有效地跟保险从业人员探讨业务设计，帮助保险业务开发人员完成产品需求及设计，并能够提出合理的基于区块链解决方案及建议，实现系统的快速构建。

(4) 测试与验证

在以上步骤都完成后，还需要对基于区块链的保险应用的各系统进行测试和验证。由于区块链系统需要连接多个上链业务系统和机构，因此需要完善的测试和验证后才能够正式上线。测试和验证的重点主要围绕以下几个方向。

上链数据的完整性。也就是说，各业务系统写入的数据是否按照原有设计的内容和格式写入到区块链上需要充分验证。

保险业务的完整性。基于区块链技术的保险业务应该在不影响原有保险业务的情况下，提供更丰富的业务模式。因此，应该从保险业务模型角度，多做功能验证，保证原有保险业务逻辑不受影响。

上链数据的保密性。在区块链上有多个同业机构的情况下，为了防止数据被公开，数据一般都采用加密并且只有授权才能可见的方式。因此，数据保密性就特别关键。

上链数据的不可抵赖性。链上数据的每次操作都需要进行签名和验签，以保证写入的数据和操作是不可抵赖。因此，需要保证任何区块链的操作都要有用户的签名，任何数据的修改都需要验证用户的签名和权限，这样才能防止用户恶意篡改数据。

（5）其他

做完以上步骤后，往往一个区块链的项目就可以上线投产了。但在系统和业务的运行发展过程中，可能会有新的问题及新的需求。如：有新的机构要加入进来，有新的数据需要写入到区块链上等这样的问题。因此，就要求整个系统的设计者，在设计数据的内容和格式时，要有一定的前瞻性，要熟悉保险的业务场景，能够保证满足一定的业务扩展需要。这里也需要保险业务开发人员与区块链技术人员在系统设计初期多多沟通，互相学习，设计具有扩展性的方案，使新的需求能够更容易地实现，快速满足业务需求。

4. 案例分享

1) 相互保险

(1) 众托帮：区块链，让公众看到公益最真实的一面

2016年12月7日，中国用户量很大的互助平台众托帮上线"心链"平台，该平台是一个公益慈善公共账本，资金的流向都可以追溯，且不可篡改。

众托帮引入区块链技术，发挥技术本身去中心化、高安全性、无法篡改、可追溯和资料公开透明的技术特征，解决平台的信任问题。让会员与平台，会员与会员之间的信任可以在区块链技术上传输，用户数据在区块链上的操作实现公开、透明。

对于"心链"所希望实现的公开透明，是通过区块链对资金流向的实时公示，让公众更直观地了解公益项目的执行方式和流程，从而解决善款公示的"最后一公里"问题。互助资金的拨付信息，对所有公众开放查询。

此外，众托帮与上海绿洲公益发展中心合作，完成了"绿洲食物银行"信息上链，食物银行通过接入"心链"平台，实现了对每一笔食物捐赠的公示和溯源，每一个捐赠人都能够清晰地看到食物的最终流向。

(2) 轻松筹：等待数据端口开放的"联盟链"

"钱何时捐赠，由谁捐赠，何时进入基金会账户，筹款善款资金总量，基金会支出用途及资金拨付账户，这些信息经过脱敏处理后将完整地呈现，而且自始至终是由区块链技术自动生成所有数据，不再出现人为记账或反馈资金用途的情况，所有数据一旦生成均不可篡改，避免人为对账以及善款流向不明的问题。"谈及新启动的"阳光公益联盟链"完整运行所呈现的效果，轻松筹联合创始人于亮如上描述。

2017年7月底，轻松筹联合6家基金会（中国红十字基金会、中国妇女

发展基金会、中国医药卫生事业发展基金会、中国华侨公益基金会、中华少年儿童慈善救助基金会、北京微爱公益基金会）成立了"阳光公益联盟链"，目标十分明确：从捐赠人捐赠善款开始，到后期善款拨付给受助方，每一个环节都将记录在联盟链中，并且任何机构或个人都无法更改，公众可以清晰地了解资金从捐赠到使用的每一个环节。

2) 再保险

从本质上讲，保险与再保险的关系是属于风险融资关系。保险对投保人之间也同样是风险融资关系，再保险则是对保险公司进行风险融资，是对投保人的"再融资"。因此，作为现代金融行业往往需要金融机构作为中介，来实现金融社会化的融资。保险领域是否能够通过技术的改进，发挥技术优势，能够降低中介成本，提高中介的透明性，从而实现整个融资成本的降低，以及融资效率的提升。因此，"去中介化"成为金融行业内的一个重要的目标。区块链技术具备一定的重构信任的作用，对"去中介化"起到一定的推波助澜的作用。

近年来，再保险市场也面临与时俱进的任务，各种创新层出不穷，从最初的比例再保险到非比例再保险，再到超赔再保险，从财务再保险到指数保险，再到巨灾证券化。这些业务的创新都为行业探索提供了新的发展空间。许多再保险的创新都是建立在传统金融思维条件下，而互联网、大数据、区块链技术可以彻底改变传统再保险的存在环境与可能，并孕育全新的风险融资机制。从互联网到区块链，最大的突破在于从信息网络到价值网络。人们利用网络交互的不再仅仅是信息，还可以是价值。因此，风险的分散新机制呼之欲出，这种风险分散已不局限于传统保险的思维模式。

在传统的比例再保险业务中，比例的约定和履行往往都是在线下商谈和执行的，整个业务的推进烦琐且冗长，在资金的确认和赔付上还存在着对账和账期的问题。而区块链技术本身账本公开透明，交易即结算的特点，能够帮助再保险与直保公司之间实现再保合约的线上履行和结算，从而大大降低结算成本，提高结算效率。

在再保条款上，往往存在着不够公开和透明的问题，使再保业务很难完全实现线上和自动执行。通过区块链技术以及其智能合约，可以将再保合约内容条款以代码形式编写到智能合约当中。由于智能合约会部署到区块链上各个节点，并且代码是公开执行，这样就能够实现业务合约的公开、透明，自动触发执行。

在巨灾再保以及指数再保业务中，由于保费赔付的额度巨大，往往很难精准评估保费的赔付的数额，因此导致再保与直保公司之间对应赔保费的分歧。如：在白灾业务中，尤其是对农业畜牧业白灾的损失，再保公司很难精确审核直保公司上报的损失额度，而且核定损失额度的成本很高，成本收益率很低。因此，可以通过第三方可信数据作为核保依据，如卫星遥感数据，气象气温数据来了解受灾区域范围，受灾市场，从而将这些参与作为再保与直保公司之间核定损失和保费的依据。同时，利用区块链技术将这些保费条款编写到智能合约当中，并连接外部可信第三方数据源信息，就能够实现巨灾再保的自动化赔付。当然，由于这类保险都涉及巨额的赔付，对保费的审核需要经过科学的依据和流程，但相对于传统的业务模式和手段，区块链技术的确是能够带来一定的改善和提高，使业务更加顺畅与和合理，兼顾公平和效率。

2018年6月，中再集团、汉诺威再保险公司、通用再保险公司、众安保险、众安科技、英特尔公司等共同发布《再保险区块链（RIC）白皮书》。这是中国首个经过实验验证的再保险区块链指导性纲要，全面、系统地分析了再保险区块链的商业价值、应用场景、设计理念和实现方案，对解决再保险行业面临的痛点、实现再保险区块链应用落地具有指导意义。

作为国内唯一的国有再保险集团，中再集团一直致力于通过人工智能、区块链、云计算、大数据等前沿科技解决再保险业务的痛点，更好地服务于国家战略、服务于保险行业健康稳定地发展。2018年3月，由上海保监局牵头，中再集团联合众安科技等合作伙伴打造国内首个区块链再保险实验平台，结合再保险业务特点设计业务流程、交互方式和交易规则，选取颇具特色的底层技术，验证了通过区块链技术处理再保险交易的可行性和优势。实验表明，该平台不但能够实现磋商签约、分保、账单交换、理赔处理等交易环节，而且可以整合成统一的多链交易生态系统，大幅度提高了交易处理的准确性和效率。

3）其他保险案例实践

作为国内少数早期"试水"区块链技术的保险公司，阳光保险已先后推出可实现积分互赠的"阳光贝"积分，以及国内首个可互赠的航空意外险电子卡单，使积分和保障在其内部客户间实现自由流转，方便客户实现保险卡单转赠和分享。

区块链卡单仅是阳光在区块链保险应用方面的探讨项目之一，在其他业务领域也在不断进行与区块链技术结合的探索，例如将个人保单信息和健康数据上传至区块链，改变以往传统寿险"千人一面"、风控薄弱等问题。

一直以来，航空意外险都是保险业造假的"重灾区"。通常来说，航空意外险只有在飞机发生意外时才会出现理赔，因此，大多数情况下客户就算买到假保险也不太容易发现。但是区块链保单的出现，可以从源头保证卡单的真实性，客户不仅能够查验到卡单的真伪，而且还能实现卡单的转赠和分享。在阳光官网以及相关公众号上，用户可以非常方便地购买"飞常惠航空意外险"，并可获得一份可分享的微信电子卡单，然后通过微信服务号，在手机端就可以轻松查询到电子卡单的信息，包括可使用的次数、有效期等，同时通过微信能够把卡单分享给好友，而接收卡单赠送的好友，仅需填写身份信息以及航班信息，就可使用卡单，每张卡单有效期一年。

利用区块链P2P的传输机制，实现了个人与个人之间的保险直联、同步与协作，持有者可以将保单随时随地赠予他人，实现保险产品的共享、传播与普及，并解决实物保险卡或传统互联网卡单在保存、激活、赠送、转让上的不便。最重要的是，借由区块链技术的可塑性和不可篡改性，用户可以追溯卡单从源头到流转的全过程，确保卡单的真实性和唯一性，传统互联网的痛点就是客户在使用环节，现有的互联网机制无法识别产品的真伪，但通过现有区块链平台的准入机制，能够保证用户放心使用区块链上的产品，且所有持有者、参与者都可以实现相互认证。

区块链智能合约，本质是一种旨在以信息化方式传播、验证或执行合同的计算机协议，这种合约允许在没有第三方的情况进行可信交易，且交易可追踪和不可逆转。但目前，要实现保险智能合约，就必须在完善的区块链应用功能之上建立起一套保险智能合约的规范和协议，目前保险业依然鲜有企业尝试。

要想实现这样的目标，单单依靠一个公司或者机构构建区块链体系还是非常困难，因此，必须使保险企业与其他机构形成公认的数据规范。比如，用户的健康数据、行车行为数据等信息由用户个人授权给其认为能够为其提供优质服务的保险公司，那么就有助于保险企业更加了解客户，产品也将得到更大程度的丰富，变得更加细分、个性化，保险企业在费率订立上也将更具差异化。尤其在风控方面，由于交易当时信息较为对称，道德风险也受到了最大程度地控制。通过区块链的介入，保险业将建成公平公正、安全信任、智能人文、人人自治的全新保险业平台，最大满足客户的保险需求，并进一步提升保险业的效率。

如何构建一套保险行业的数据交互规范，需要行业内从业者一起探讨并达成共识。这样，区块链与保险业的结合，将使客户拥有个人数据主权，而保险企业也将更加了解客户，在风控方面减少道德风险。

5. 应用区块链的建议

1) 区块链技术存在的问题

目前区块链技术依然存在几大问题：首先，高能耗问题。正如比特币的实际应用中，其发展带来的结果是实现了计算机硬件的快速提升和膨胀，在"挖矿"过程中的主要成本也转移到硬件成本和由之带来的电力成本等。因此，区块链技术实现权益成本收益后，使其技术功效发挥至最大化将成为未来急需解决的重点之一。其次，数据存储空间问题。区块链系统中每一节点的信息记录以及存储更新，都对每个参与节点的存储空间容量提出了极高的要求。再次，抗压能力问题。基于区块链构建的系统同样遵循木桶理论，网络系统处理速度和网络环境最差的节点将对整体系统的设计容纳能力造成影响。一旦将区块链技术推广至大规模交易环境下，每秒产生的交易量超过最弱节点的容纳能力，那么交易就自动进入队列进行排队，延长交易时间。

2) 区块链在保险行业应用亟待解决的问题

在区块链的应用过程中，还需解决以下几个问题：第一，区块链的算力难以保证系统的稳定性。区块链目前还是一项全新的技术，尚未达到大规模应用的要求，其运算能力还有待进一步提升；区块链技术风险难以完全避免，在完全去中心化条件下，区块链的交易规则以及智能合约实际上都是由计算机程序和语言控制的，当失误未被及时发现时，系统将按照错误程序继续执行。第二，区块链的制度建设和法律监管相对滞后。一旦发生区块链被攻击、客户个人信息泄漏等事件时，缺乏标准应急处理程序。一旦造成不良后果，整个区块链技术生态环境将会受到负面影响。第三，区块链与保险行业的复合型人才队伍建设亟待加强。区块链技术还处于发展的早期阶段，存在多种可能性和无数的未知数。无数初创企业也在努力突破区块链的技术应用，这都需要大量的复合型人才。第四，信息共享的制度壁垒依然存在。在目前的基础条件下突破现有的传统保险平台，构建统一和共享的区块链保险信息平台，为保险机构之间以及保险与其他行业之间信息共享提供数据服务和技术支持，实现保险行业内外的信息交互共享，需要实施较大的改革。

3）区块链在保险行业应用的几点建议

作为促进保险行业发展的重要创新技术，保险业应高度重视区块链技术与保险业务的融合，以顶层设计统领并统筹保险产品的具体应用，创新区块链保险的商业模式。首先，在保险行业应用场景、技术方案和商业模式上需要不断探究和创新，不断深入研究区块链技术的适用标准。其次，不断改进和完善区块链技术，着力改善或解决高耗能、数据存储空间制约、处理大规模交易的有效性和抗压性等问题；再次，完善制度安排，形成协同氛围，实现保险领域的高度"自治"，有效降低市场对监管的需求，推动保险监管向制度性、平台式、社会化监督转变。尤其是要切实解决去中心化的区块链与中心化的政府监管之间如何有效融合、线上线下关联公证、法律效益保障、价值认可等关键难题。

随着保险行业改革创新进程不断地加快，区块链在保险行业未来的应用具有广阔前景。

第 7 章
区块链应用场景——物联网

1. 物联网的现状与痛点

Gartner 曾预测截至 2017 年全球连接设备已达到 84 亿台,据 IBM 公司预测,2020 年万物互联的设备将超过 250 亿个。其中包括各类消费性电子产品,如:智能手机、智能家电、无人机、智能汽车等设备。而在工业领域,物联网设备也发挥重要作用,各类监测设备,视频采集设备都得到了大规模的应用和部署。由此,整个物联网行业已经逐渐形成了独特的产业链条,并在不断地向前快速发展。

然而,在物联网的长期发展演进过程中,仍然存在着各种各样的问题,归纳起来有以下几个主要的行业痛点:设备安全、个人隐私、接入方式、多机构协同问题。

在设备安全方面,传统安全防护技术难以跟上物联网技术和产品发展的步伐。随着物联网的大规模应用,尤其是随着通用传输协议和通用操作系统的出现,为物联网病毒广泛传播提供了有利条件。目前市场上从事互联网安全技术的厂商很多，但从事物联网安全的公司却不多，由于和传统互联网环境下的安全有很大差别，大部分物联网公司都只擅长做物联网应用，但是对物联网安全几乎都没有涉及，无论是物联网数据集采安全，还是物联网接入安全管理、组网安全管理、网络入侵监测、网络安全态势感知、物联网应用病毒监测，目前很少有公司做这方面产品和技术的储备研究。

在个人隐私方面，物联网设备往往会嵌入传感器和计算芯片，随时随地采集物理世界的数据并实时或准实时地传送给中心化处理系统。在这个过程中，人们很难察觉物联网设备对人的数据搜集和处理，因此，信息泄露事件频发。另外，几乎所有的物联网采集的数据都会存储在相对中心化的系统里，一旦这些系统被黑客攻破，就会导致大量的信息泄露。甚至是由于管理人员的疏忽导致数据意外泄露，从而无法自证清白。

在接入方式上，物联网设备可能会接入社会的各个地方，由于各种应用场景的不同，采用的技术不同，标准不同，这样就使得物链网设备之间很难有统一的接入标准。从而导致跨应用物联网设备之间很难形成协同与共享，限制了物联网设备的作用。另外，在通信兼容方面，目前全球物联网技术还没有统一的通信协议或者开发语言，各种相互竞争性的标准和平台层出不穷。这就导致各类设备之间想要互联互通就更加的困难。系统与系统之间的对接和整合成本居高不下，影响整个物联网行业的发展。

在多机构协同方面，很多物联网都是由运营商或者在企业内部形成的自组织网络。一旦涉及跨多个运营商、多个对等主体之间的协作时，建立信任的成本很高。由于物联网设备之间数据交互的数据量大，数据频次高，因此，如何计算评估各主体之间的贡献价值和利益所得就非常的困难，这就导致多机构合作及协同就非常的困难。

2. 区块链结合物联网的趋势

区块链凭借节点之间主体对等、数据公开透明、安全接入通信、难以篡改和多方共识等特性，对物联网将产生重要的影响。多中心、弱中心化的特质将降低中心化架构的高额运维成本，信息加密、安全通信的特质将有助于保护隐私，身份权限管理和多方共识有助于识别非法节点，及时阻止恶意节点的接入和作恶。依托链式的结构有助于构建可证可溯的电子证据存证，分布式架构和主体对等的特点有助于打破物联网现存的多个信息孤岛桎梏，促进信息的横向流动和多方协作。

首先，区块链强调多方共识，平等协作的理念。在现实世界里，物联网的设备与设备之间是存在多方协作的逻辑关系的。那么应用区块链技术及理念，将区块链的共识和判断能力加入物联网设备当中，使得各个设备之间存在共识机制具备一定的判断和识别能力，这样，物联网的安全能力会大大提升，抗攻击能力也会增强。

其次，记录到区块链节点中的数据都难以被某一方擅自篡改，这样就使得物联网设备采集来的数据更可信。由于物联网设备或者传感器所采集的数据往往都是实时采集，因此数据的可信性非常高。但在数据的传输和处理过程中，会有很多人为干预的机会，这就导致人们对数据可信性产生怀疑。人们不太相信经过处理后的采集数据，如视频数据的节选、删改等。如果数据能够具备多个中心的授权和认证，不是由单一个中心处理，则会对数据的可信性大大提升。因此，区块链技术能够在多中心的数据处理和应用上有所作为。

通过区块链将各种物联网设备连接到一起后，就可以实现以区块链为总线的可信通信模式。这样，在物联网设备之间，就能够建立起一套可信的交互机制或接入标准，从而实现各个物联网系统之间的协作，打破信息孤岛。

3. 区块链技术应用到物联网的应用场景

由于区块链技术并未完全成熟，很多应用还围绕在金融领域，因此，多数区块链和物联网结合的案例都是在概念验证阶段。但这不影响我们对区块链与物联网技术结合产生价值的预期和判断。由于区块链技术天生就具备在实现"机器信任",因此,当物联网设备具备一定的运算处理能力后,与区块链技术结合就能够具备设备之间产生信任的可能。

首先,在供应链以及物流的场景中有与区块链结合的应用。传统的供应链运输需要经过多个主体,例如发货人、承运人、货代、船代、堆场、船公司、陆运(集卡)公司,还有做舱单抵押融资的银行等业务角色。这些主体之间的信息化系统很多是彼此独立,互不相通的。一方面,存在数据做伪造假的问题,另一方面,因为数据的不互通,出现状况的时候,应急处置没法及时响应。在这个应用场景中,在供应链上的各个主体部署区块链节点,通过实时(例如船舶靠岸时)和离线(例如船舶运行在远海)等方式,将传感器收集的数据写入区块链,成为无法篡改的电子证据,可以提升各方主体造假抵赖的成本,更进一步地理清各方的责任边界,同时还能通过区块链链式的结构,追本溯源,及时了解物流的最新进展,根据实时搜集的数据,采取必要的反应措施(例如,冷链运输中,超过 0℃ 的货舱会被立即检查故障的来源),增强多方协作的可能。

国外,澳大利亚联邦银行(Commonwealth Bank of Australia)、美国富国银行(Wells Fargo)和澳大利亚跨国棉花贸易商 Brighann Cotton 联合使用区块链技术、智能合约和物联网技术,已经完成首次银行间交易。

他们使用的区块链技术促进金融家对常见的交易物,如:采购订单、发票、库存和付款约定进行贷款,同时允许贷款成为抵押资产,放款操作将会直接由真实世界中的事件触发。该系统提供了一个实时可信的交易状态查看能力,这也大幅度地提升了交易中所有参与者的信息透明度,并且帮助他们建立更加强的相互信任,从而建立稳定的供应链生态。该系统增强了市场中抵押资产的流动性,同时也大幅提升了常见的"贸易融资"工具,比如保理、融资、供应商库存管理等。这同时也提供了进行更深层次金融的机会。

在该业务系统中,交易方是美国 Brighann Cotton 与澳大利亚 Brighann

Cotton Marketing，以及各自的银行机构富国银行和联邦银行；通过区块链技术，首次将 88 捆棉花自美国德州运输到中国青岛。该笔交易中的物联网技术提供 GPS 设备，追踪运输中货物的具体方位，相比传统开户和信用证交易方式，可控性更强。信用证交易以文件和数据为核心，仅仅处理这些内容就需要好几天。

一旦货物抵达最终目的地青岛，智能合约会根据收到的反馈，自动激活支付流程。该过程不受运输影响，只要货物一到港，就会自动支付 35 000 美元的货款。

联邦银行宣称这次测试是世界首次整合三项新兴技术、两家独立银行参与的、跨国贸易。联邦银行指出，这次交易利用区块链技术实时追踪货物，可以改善安全问题，防止诈骗风险；由于账本是无法篡改的；因此增加了交易的透明性。

银行进一步解释，纸质账本和手动流程升级为基于分布式账本的电子追踪器，可以减少错误，将原本需要几天的流程缩短为几分钟，最终实现降低成本。

其次，在仓库管理中应用区块链技术实现仓单的质押和融资业务。在传统的仓单质押融资业务中，主要弊端是对仓单的认证以及是否存在多方质押的情况。因此，金融机构对仓单的质押融资往往非常谨慎，不愿意给予这方面的金融支持。然而，在现实情况中，很多的货主是希望通过其存储在仓库中的货物实现融资需求，解决其资金周转难的问题。因此其是存在市场需求和痛点的。

一般在仓单质押融资场景中包含众多参与方仓单认证机构、仓库、企业或个人、金融机构、仓单交易机构。这些参与方从业务上来讲是合作共赢的关系，但是从技术上来讲需要限制每一家参与方的权利，不给其"作恶"的机会。区块链技术本身的交易不可抵赖的特性，可以避免某参与方不承认某笔交易的存在。但是针对关键数据的操作，仍需要考虑用具体方法限制账户的越权操作。

在区块链节点的部署上，应根据业务情况每个角色都至少部署一个区块链节点，从而保证数据在不同的业务单位都存有数据副本，这样就能在业务层面保证数据不可篡改。在业务上，可根据运营情况，随着新加入的机构加入区块链节点，新加入的节点可以同步数据，但是否加入由谁加入需要根据业务情况跟已有的节点机构进行协商。

仓单融资交易的主要流程如图 7-1 所示。

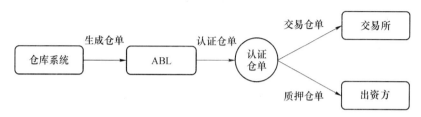

图 7-1　仓单融资交易的主要流程

仓单在仓库系统提交给 ABL 认证机构后，有认证机构确认形成认证后的仓单。被认证的仓单就可以实现仓单的质押和解押、仓单在交易所中的上市和退市、交收以及仓单提货等业务操作。

账户是业务系统层面的概念，具体到区块边平台，则是对应一个区块链的账户地址。对区块链账户的需要支持实名认证。

账户一般分为两类：业务系统的机构账户、个人账户。

两类账户的标识代码与区块公钥、私钥和地址映射。每一类账户注册时，通过审核的资料是不同的，同时标识两者的代码也是不同的。同时，账户的认证需要用户的实名认证，保证用户认证的安全、可靠，并具有法律效力。

账户注册是区块链系统必要环节，用户需要通过注册获取区块链地址来唯一标识自己。账户的数据包括如下内容：账户的区块链地址信息、账户的身份信息、账户的资产信息、其他信息。

仓单的数据结构可根据业务的需要可以增加相关内容，如下列举目前仓单中必要的数据结构信息：

- 仓单 ID；

- 该仓单的用户信息；

- 货物品名（重要信息）；

- 类别；

- 资产相关信息（资产的数据结构信息由业务确定，如：资产 ID、数量、单位等）；

- 认证信息（是否已经过 ABL 认证）；

- 冻结信息（是否已冻结，冻结理由等信息）；

- 质押信息（是否已质押，质押给谁等信息）；

- 锁定信息（是否被锁定，锁定理由）；

- 其他信息。

仓库系统根据业务情况，创建仓单，仓单内容包括若干货物资产的信息。资产的内容包括：品名、数量、单位、所属仓单 ID 等。这样，以拥有资产可以进行转移，并可根据仓单 ID 追溯到资产所属的仓单信息。

仓单的信息包括：仓单 ID、仓单所有人信息、仓单包含的货物信息等。

仓单认证系统可对仓单进行认证，并可标注认证理由信息。区块链平台提供"数据安全域（Data Security Realm）"这一对象来管理数据的加解密策略和授权。

在实践上，业务方可以为不同的业务保护范围创建对应的"数据安全域"，在对应的"数据安全域"下进行相关业务操作产生的数据都会采用相同的加解密策略，并可以应用到相同的授权范围。

在仓单认证场景下，通过授权 ABL 系统具有对资产及仓单进行认证信息填写的权限，从而实现 ABL 系统对仓单及资产信息的认证。

仓单交易由交易所完成。在区块链层面主要完成链上数据跟交易所系统的数据交互。在交易的过程中，其实交易的并不是仓单，而是仓单所包含的货物资产。每个资产里会包含其所属的仓单 ID 信息，从而方便后续提货。

仓单上市是区块链跟仓单交易系统数据交互的必要环节。在上市环节中，仓单的所有人、仓单 ID、资产信息确定无误后，可进行上市操作。

仓单在交易系统进行交易过程中，数据由仓单交易系统来维护，该过程与区块链没有数据交互，只有在退市时由交易系统完成仓单信息的修改并转移给其他区块链账户。

仓单退市是用户在交易所中，通过提货等操作实现的。在区块链平台，交易所将仓单及货物资产的信息确认后，转移给区块链平台上的其他账户(机构账户或个人账户)。

同仓单认证一样，在仓单质押场景中，仓单所有者如果有融资需求，就需要授权给资金方对去名下的仓单进行质押融资。出资方对仓单或者资产质押后，其他账户将无权解押，以防止资产重复质押。

仓单冻结，主要是由于司法问题，对仓单进行冻结。在冻结阶段，仓单不允许交易、买卖、提货、质押等一系列的操作。

整个冻结的方法和技术手段与仓单认证及质押一样，但具体由区块链账户的哪个角色有权进行冻结操作，还需要在业务系统进行设计。

区块链服务的数据安全模型是一种基于对称加密与非对称加密相结合的数据保护和授权模型。

采用对称加密算法对数据内容进行加密，以达到保护数据不被随意查看的目的。

加密的每一份数据都会采用一个随机生成的对称秘钥，然后通过一对非对称秘钥对的公钥对数据秘钥进行加密，以确保只有私钥的持有者才能够访问被保护的数据。

"用户""应用""应用操作员"这类角色的账号在创建时都会生成一对用于数据安全的非对称秘钥。数据的授权过程实际上是由数据的持有者把对称秘钥采用被授权人的公钥进行加密，以此确保只有该授权人才能够访问数据。

任何未经授权的机构（人）都不能通过区块链获取身份信息和交易信息，除了合约或者交易涉及的利益相关方，没人能够访问这些数据。通过加密交易来保护内容的机密性，只有利益相关方能够对其进行解密并执行。

在实际情况中，会发生数据修改，例如资产名称、资产数量、发行时间等，均有可能发生因为业务调整而需要调整。以下分两种情况说明。

1）关键信息的校正

例如资产名称、数量等关键性信息。此类的信息因改动影响较大，建议采用将原区块链资产纳入回收站，并重新发行相应替代性的校正过的资产。

2）非关键信息的校正

例如发行时间等辅助信息，可在扩展数据字段中直接更新即可。修改痕迹保留。

（1）业务描述信息冲正

支持对业务对象的描述信息进行冲正。

（2）资产数量冲正

支持对资产的数量进行冲正。

(3) 冲正账号管理

支持设置一个冲正账号作为特权账号使其具备对所有业务对象数据的修改权限。

(4) 资产回收账号管理

支持设置一个资产回收账号用于资产数量冲正。

以上的应用当中，区块链起到的作用还主要是协调业务相关方，形成仓单交易的业务闭环。但其前提是仓库中的货物是可质押、可融资的仓单。那么如何保证仓单具备交易或者质押的条件呢？这就必须通过一套具备物联网技术的仓库管理系统，能够实时监测仓库内货物的情况。另外，在仓单质押融资中，金融机构更希望给予不动产、贵金属、钢材等具备保值增值的货物以及价格波动小、不易变质损坏的货物进行质押。而这些基本的要求往往都是通过物联网探测器等技术实时保证仓库中的温度、湿度恒定，且库门货物的进入能够实时监测。

在电动车应用场景中，主要面临的是多家充电公司支付协议复杂、支付方式不统一、充电桩相对稀缺、充电费用计量不精准等行业痛点，由德国莱茵公司和 Slock.it 合作，推出的基于区块链的电动汽车点对点充电项目。通过在各个充电桩里安装树莓派等简易型 Linux 系统装置，基于区块链将多家充电桩的所属公司和拥有充电桩的个人进行串联，使用适配各家接口的 Smart Plug 对电动汽车进行充电。使用流程为：（以 Innogy 的软件举例）首先，在智能手机上安装 Share&Charge App。在 App 上注册你的电动汽车，并对数字钱包进行充值。需要充电时，从 App 中找到附近可用的充电站，按照智能合约中的价格付款给充电站主人。App 将与充电桩中的区块链节点进行通信，后者执行电动车充电的指令。

最后，在光伏太阳能发电领域，区块链与物联网技术也有很大的结合，如图 7-2 所示。

| 区块链技术的应用实践

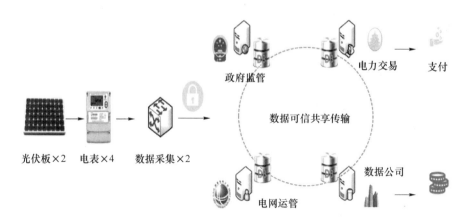

图 7-2　在光伏太阳能发电领域,区块链与物联网技术的结合

光伏发电已经应用多年,尤其是在很多边远山区,电网无法覆盖的地区,光伏发电能够实现发电的自给自足。同时,在发电有盈余的情况下,也可以将多余的电出售,形成盈利。但由于光伏发电存在着受天气影响大,发电不稳定,发电上网成本高,结算困难等诸多因素,导致光伏发电迟迟无法实现自由交易。这里的很多原因不完全是技术因素,也跟制度、标准、市场等因素有关。

美国布鲁克林 LO3 公司结合解决世界气候问题的可持续能源技术与变革性区块链技术,在布鲁克林发起微电网项目,让这里的居民利用区块链销售屋顶太阳能电板的多余电能,如图 7-3 所示。

图 7-3　屋顶太阳能电板

178

2016年年初，LO3与ConsenSys率先在纽约推出了一个区块链项目——TransActive Grid，在这个项目中，当地居民可以将自己过剩的电力通过一种区块链原型进行出售，该原型利用以太坊（分叉）网络作为一种分布式机制，以此通过智能合约来出售那些单位的电力。这是以太坊区块链技术首次用于能源交易支付，但和以太坊平台通过专有加密货币以太进行交易不同，LO3尝试实现通过美元进行交易。

2016年4月，LO3团队建立了Brooklyn微电网试点项目和全球首个能源区块链交易。Brooklyn微电网连接了约60个光伏发电点，并通过区块链技术让光伏业主可以自由地在系统内买卖电力。目前，已有约500名用户在该系统内注册。

通过光伏发电并通过区块链技术解决发电的交易问题，目前来说，是区块链技术与物联网技术结合的一次重要尝试，它结合了两种技术的优势，并创造出了价值，使发电以及售电能够形成闭环。但我们也应该看到，该场景还处于小范围的验证阶段，在大规模的商用中还会存在各种各样的挑战。

4. 挑战与展望

区块链＋物联网会面临以下几个方面的问题和挑战。

（1）在资源消耗方面，物联网设备普遍存在计算能力低、联网能力弱、电池续航短等问题。因此，像比特币的工作量证明对资源消耗很大，显然不适用于部署在物联网节点中，更可能部署在物联网网关等服务器里。

（2）在性能瓶颈方面，传统比特币的交易是7笔/秒，再加上共识确认，需要约1个小时才确认写入区块链。这种时延引起的反馈时延、报警时延，在时延敏感的工业互联网上不可行。即便是采用PBFT等共识机制，可能在大规模物联网应用上依然存在着性能瓶颈问题。因此，在对物联网设备进行共识处理时，需要有目的地进行筛选，选出合适的或者随机的物联网设备参与到区块链的共识当中。另外，已经有很多面向物联网的区块链软件平台做了改进。例如，IOTA 就提出不使用链式结构，采用有向非循环图（DAG）的数据结构，一方面提升了交易性能，另一方面，也具有抗量子攻击的特性。Lisk 采用主链－侧链等跨链技术，进行划区划片管理，也在性能方面取得了不少突破。

区块链以算法和软件来承担信任基础。但是，有的区块链软件已经不使用"链式结构"了。区块链，顾名思义，区块＋链，不仅仅限于用链的结构了。此外，还存在多链协同、跨链整合、链上链下、分区划片、共识切换等多方面的改进，区块链技术正处于待成熟、未定型的阶段。未来，随着区块链技术以及物联网技术的发展和融合，肯定能够出现更多的解决办法和方案来达到业务上的要求，最终实现机器与机器之间的信任，并帮助降低人与人之间的信任成本。

5. 参考文章

https://mp.weixin.qq.com/s/13qo7QvVBCgdG2V61X5T6w

https://www.energytrend.cn/news/20180504-29332.html

第 8 章
区块链技术在征信领域的应用

1. 金融业务现状

随着互联网信息技术的快速发展,新的信息技术给人们提供了巨大的方便,使人们获取信息的能力大大增强。在金融领域,传统的金融机构如银行业务也深受互联网技术的影响,传统的银行网点由于互联网技术的普及也不再需要排队耗时,给人们办理金融业务提供极大的便利。

同时,随着互联网技术的普及,很多非银机构也都开始利用互联网技术从事金融业务。这一方面给传统银行提供了重要的金融服务的补充,但同时也给金融领域带来了巨大的行业风险,给金融监管带来了巨大的挑战。

目前,在非银金融业务中,主要有消费金融、小额贷款、汽车消费金融、P2P 平台、保理、融资租赁等形式,这些金融业务相对于传统银行业务,给用户提供了重要的补充金融服务。与此同时,其对传统银行也产生了一定的冲击,但是相对于发达国家,我国非银金融业务尤其是互联网金融仍然处于早期发展阶段,在发展过程中存在着一些监管问题,使得风险也不断显现。

如：金融风险难以把控、金融监管不透明、违约事件频发等。其主要原因在于，在非银金融业务中，对用户的信用和风险的评估手段非常缺乏，各个业务机构各自为政根据自身的模型和数据对用户信用进行评估，没有像银行业务那样存在由央行建立的统一征信平台。

因此，如何能够通过技术手段，在非银金融业务中，建立起一套能够相互认可的征信体系，使非银行金融从业机构之间能够共享潜在用户的信用信息，并能够准确评价用户信用水平和信用风险，满足金融业务合规性及监管要求，现在已经迫在眉睫。

2. 非银金融业务面临的问题

非银金融业务主要是随着互联网技术的普及和发展而逐步发展起来的。2018年8月20日中国互联网络信息中心发布第42次《中国互联网络发展状况统计报告》，报告显示，截至2018年6月，中国网民规模达到8.02亿人，2018上半年新增网民数量为2968万人，与2017年相比增长3.8%，互联网普及率为57.7%。由此可以看出，整个非银金融业务面向的客户群里非常庞大，而且整个群体的消费能力更强，消费意愿更加活跃。该群体对金融服务的要求更高，更强调金融服务的便利性和时效性。

其次，电子商务在我国近几年大量兴起，规模逐年不断扩大，随着电子商务的大面积普及，整个金融业务模式也在逐渐转变。电子商务的一大特点是需要进行网上支付，使得现在越来越多的民众更加偏向于使用网上支付，对于网上金融服务也更加适应和依赖，这就促使整个金融服务模式必须不断地根据用户使用习惯进行转变，传统的营业厅网点形式的金融服务模式和服务效率已经很难满足民众对金融服务的要求。

随着非银金融业务的快速不断发展，整个行业业务也面临着巨大的问题和挑战。

(1) 监管制度不完善

因为很多非银金融业务都是基于互联网技术进行开展的，由于互联网技术的虚拟性，导致一些金融产品存在很高的风险，使广大民众遭受到了很大的财产损失。同时，由于互联网自身的跨地域性，给金融服务带来便利的同时，也给监管、取证、风险控制都带来了巨大的挑战。在现阶段，我国的现行金融监管法律制度还要根据实际情况不断地逐步完善，这样才能对新的金融业务提供有效的法律支撑。

(2) 风险控制能力较弱

非银金融服务在风险控制上存在能力不足。由于互联网技术具有快速低成本传播性，其相对于传统的银行金融服务在业务拓展上更具有优势。但由于金融产品一般都具有一定的风险性，那么在金融与互联网结合的过程中，风险往往会被忽视和放大，从而造成很多严重的经济损失和金融欺诈。传统银行金融机构经过长时间的发展，在风险预计、识别、应对、监管等方面都有一套完善的流程和应对方法，但在非银业务领域，这方面的规范还不是很健全，在金融风险的预判、资金的管控、人才的储备等方面，都与传统的银行金融机构无法媲美，从而使整个行业鱼龙混杂限制了行业的发展。

(3) 用户征信问题

以互联网技术为基础的非银金融业务主要以大数据、云技术等技术为依托，通过对用户进行数据画像来评估用户的信用等级，从而为用户提供金融服务。这就要求对用户的一些基本信息，如：消费能力、收入情况、过往消费记录、信用情况、违约情况等来进行采集、分析、评估。由于互联网技术具有高度的开放性和自由性，这就导致很多机构为了得到用户的数据不择手段，甚至采用非法窃取甚至买卖用户数据的方式，严重触犯了民众的隐私。与此同时，由于对用户的画像来之不易，各非银金融机构间的用户画像信息和用户信用评级信息都极度保密，不愿意共享给行业内的其他机构，从而导致对用户征信难、征信成本高、用户画像不准确、信用违约风险高等问题。

非银金融业务问题的解决办法主要有以下几点。

(1) 完善相关金融法律及监管制度

当前我国互联网金融相关政府监管及法律依然欠缺和滞后，对金融业务违法判断和界定存在模糊不清、执法困难的情况。应当针对互联网的技术特点，有针对性地进行法律相关内容的探索，从而适应现实场景。

另一方面，要改变目前我国互联网金融用户滥竽充数的现象，用户想要获取金融服务必须拥有良好的个人的信用保障。同时，提高互联网信息安全技术来保护消费者的个人隐私，交易双方签订合同且要有法律效应。对良好的互联网金融企业颁发营业许可证，不符合法律制度的企业则需清退。

(2) 建立完整的非银金融业务信用体系

加强非银金融信用体系的建设，通过大数据、人工智能、区块链等技术形成统一的、共享的、公开的、透明的用户征信体系，使非银金融机构能够方便、快捷、合法、准确地获取潜在目标客户的信用情况，优化征信流程，降低征信成本，提高征信效率。

同时，监管机构也可以通过这样一整套信用体系对非银金融机构行使有效地监管，既保证正常非银金融业务的顺利开展，也对非法的业务进行杜绝，同时还能够对风险进行防范和预警。

3. 区块链技术的应用

区块链是近年来新兴的互联网技术，其本质是一个由点对点通信构成的分布式网络共享账本。在这个网络里，多个参与方之间通过现代密码学、分布式一致性协议、点对点通信以及智能合约等技术机制，来实现数据的交换、处理、存储。同时区块链技术还在不断地发展和演进过程中，各种新的技术、实现和理念还在不断地加入区块链技术当中。

因此，区块链并不是一种单一的技术，而是将已有的各种技术整合，形成一套完整的解决方案，从而实现如：多中心化、不可篡改、不可撤销、信任传递等独有的特性。区块链的核心技术主要包括：点对点网络、共识算法、独特的账本数据结构、智能合约。

点对点网络（peer-to-peer network 对等网络）是一种对等计算模型在应用层形成的组网形式。通过其技术实现，网络上的各个节点地位是平等的，不存在任何特殊化的节点和层级结构，每个节点都会承担网络数据的交换、数据区块的验证等工作。一般情况下，网络中的节点是可以动态加入，加入的节点越多，网络的信任机制就越强。

在非银金融业务的场景中，对用户的征信就是一个多方参与的商业模式。所有的非银金融机构即是信用的提供方，同时也是信用数据的使用方。在对信用数据的提供和使用的过程中，每个参与方都存在自身的利益诉求，同时又同其他参与方有合作的可能。如果能够建立起这样一个平等互利的征信网络，使非银金融机构各参与方在平等的商业环境下构建一套征信生态，各方既是贡献者同时也是受益者，那么，就能够大大降低整个行业的征信成本，提高征信的准确度和效率。

在区块链技术当中，P2P 网络上的各个节点，所存储的数据具有强一致性。也就是说，所有网络节点的数据是保持一致，那么如何保证节点的数据的一致性就是通过共识算法来实现的。不同的区块链网络可能采用不同的共识算法来实现。如公有链中，采用 POW、POS 等共识算法，许可链或者联盟链网络中，采用 PBFT、Raft 等一致性共识算法。不论采用哪种算法，最终的目的都是为了保证网络上的节点数据具有一致性。一旦数据达成共识，记账节点就将生成的区块广播到整个网络中，这样全网都保存了已达成共识的数据，从而防止数据被恶意篡改。

在非银金融业务当中，"信息孤岛"和信息不对称是突出的问题。各参与方由于种种原因无法实现信用信息的自由交互，而通过区块链技术，由共识算法能够保证各方数据具有一致性，且不存在一个单一的中心化机构来统一维护数据的一致性，从而大大降低建设成本，也使参与各方更容易接受。更重要的是，这样的数据一致性是通过算法保证的，不是通过中心化人工维护实现的，这样就保证区块链网络上数据的更加真实、可靠，降低网络中作恶的概率。

区块链的数据结构相较于传统的数据库有所不同，它采用的是一种块链结构。也就是说，区块链网络上的节点，通过共识将一段时间内的交易打包成一个区块，并广播到整个网络，并且通过区块的哈希值，将各个区块链连接起来。这样的数据结构，保证数据具有时间序列的特性，且数据一旦写入就由多方存储，不可篡改和删除，只能添加和查询数据。上链数据往往采用密码学机制，保证数据真实可靠。

在非银金融业务场景当中，最无法把控的就是数据的真实性。金融机构征信的成本很高，如何判断信用数据真实性，如何保证用户信息的可靠都是令人头疼和棘手问题。如果把各参与方的征信数据通过某种数据格式记录到区块链上，保证数据不可撤销，不可删除，不可篡改，这样就可以做到降低非银金融机构的征信成本，有效提高征信效率。

智能合约是区块链的重要特性之一，其本质是一种计算机指令，这些指令一旦编写或部署到区块链上，就能够实现自动验证和执行，并且不需要人为的干预。好比银行就是通过"智能合约"机制来帮我们实现账户管理的，对账户的操作需要给银行授权，离开银行的监管，用户是无法实现最简单的存取款操作的。智能合约能够实现链上各机构共同认可并维护的一套规则机制，并且将规则自动高效执行。

在非银金融领域，征信数据的共享是非常重要的业务需求。在非银金融业务的开展过程中，对用户进行信用评级和风险管控是最大的成本开销。如果能够实现整个行业信用评级共享，并且共享的信用数据真实可靠，就可以降低整个行业的成本开销。而在信用数据共享的过程中，最大的障碍就是如何记录和计算各个非银金融机构参与单位对信用数据做出的贡献和使用者写数据所付出的成本代价。

通过区块链技术的智能合约能够很好地解决这个问题。将非银金融机构参与各方连接到区块链网络中，通过部署在区块链上的智能合约将各方的协商规则记录下来，并设置成合约触发条件。一旦条件触发，即可自动执行合约里的规则，不受人工干预。比如在信用数据的上传和使用过程中，可以约定上传一条信用数据能够获得一定奖励，在使用信用数据时，则需要给信用提供方一定的奖励。由于区块链技术能够保证全网节点数据高度一致，这样就能够解决信用数据共享中担心对信用数据的贡献与索取不匹配的问题。使参与方之间形成一定良性的生态环境，大家一起共同维护整个征信数据，使其对每个参与机构都具有价值。

因此，通过区块链特有的技术特点，能够实现网络上信用数据的共享与传递，使非银金融机构能够获得真实可靠的信用数据。通过区块链的不可撤销，不可篡改特性，保证上链数据的真实可靠，从而降低金融机构的征信成本，将资金更有效地投放到那些对资金更渴望且更具诚信的用户。在这个过程中，非银金容机构能够快速准确辨别出目标客户，将金融服务提供给他们，信用违约的风险会大大降低，资金安全有保障，资金效率更高，最终能够实现整个产业链条的良性快速有效地发展。

4. 应用区块链技术的价值

区块链技术具有其独特的特点，在非银金融征信领域应用区块链技术，应该根据区块链技术的实际特点，发挥其优势，同时规避其缺点，最终的预期目的是提高整个非银金融征信业务效率，降低征信成本。因此，应用区块链的作用主要包括以下几点。

(1) 增加信任

区块链技术一直希望构建一个不需要第三方机构信任的网络，并假设整个网络是一个不可信的网络环境。其通过密码学算法和共识机制能够保证信任的产生和传递。这些在比特币的应用中得到了很好的体现，但由于比特币的业务模型非常简单，形成这样的一个没有第三方参与的可信网络环境相对容易。而当给予区块链更多更复杂的业务模型的时候，情况就不是这么容易了。在联盟链或者许可链的场景中，用户是通过业务系统进入区块链网络，很多业务逻辑处理是在业务系统中就已经完成的。而区块链网络的作用更多的是在联盟链各个参与方之间建立信任机制。

(2) 建立一套完整的认证体系

当人们了解到区块链采用的公私钥运行体系的时候，可能天然的认为区块链能够作为用户的认证和标识。区块链中的交易是需要用户通过私钥进行签名的，这里的签名仅仅是作为交易验证通过所采用的技术手段，并没有赋予这种操作更多的法律意义。如果希望区块链跟非银金融应用场景进行结合的话，就需要对交易验证与现实法律进行对接，从而使用户在链上的动作具有一定的法律意义，这样才能发挥区块链技术的作用。因此，通过区块链技术的应用，并配合以法律的认可，就能够建立起一套完整的认证体系。

(3) 实现征信的公开透明共享

区块链技术是通过多个网络节点共同存储数据账本，并且账本数据是公开透明的。区块链作为一个价值网络的系统，每一笔交易都需要许多的节点对交易进行验证。共识算法很好地实现了"写入困难，验证方便"的理念。从业务角度讲，凡是记录到区块链上的数据都是共享的数据。因此，凡是有不想公开的数据，理论上都不应该记录到区块链上来。在非银金融业务征信的场景中，基本符合这样的要求。参与的各家非银金融机构都有对征信数据获取的需求，同时又都对征信数据有贡献作用。

另外，区块链技术在整个征信体系仅仅是一种技术手段，要想完成整个征信体系建设，还离不开大数据、云计算、人工智能等其他技术手段的支持与配合。区块链从技术角度可以看成是一个技术的解决方案，它与大数据、人工智能等技术相比在技术特性上并没有那么鲜明定义，但其核心的技术依然是点对点的网络结构、共识机制、块链逻辑的账本结构、智能合约这几种技术。在征信业务领域，区块链技术要与大数据、人工智能技术一起配合完成信用数据的采集、传递、共享、应用等各个环节。

由此，区块链在整个征信领域能够解决一部分问题，但并不能解决征信领域中的所有问题。因为，征信业务牵扯金融领域的方方面面，有些是政策法规的问题，不单单是技术问题，有些是需要其他技术结合区块链，并配合以法律法规的设计才能够解决的问题。

那么，在这些技术组合中，区块链解决的最核心的问题如下。

(1) 提高征信业效率

区块链通过技术手段使写入链上的数据由多方保存，并无法随意篡改。由此，凡是在区块链记录下来的数据，都可以作为征信的历史数据对外公开供应用和参考。出于隐私保护的考虑，可能在公开的区块链上无法查询到完整的个人信用信息，但结合各机构已有的用户数据，可以与区块链上可信的数据进行比对和验证，这样就可以提高征信的效率。相对传统的信息采集方式，如果征信数据能够广泛通过区块链进行共享和参考，那么在征信信息的时效性、真实性、透明程度上都将有很大的提高，从而降低各机构之间信息沟通成本以及信息验证的成本。

(2) 增加征信数据的可信度

当区块链上数据具有一定的积累后，可以通过链上记录的历史数据，对征信信息进行历史查询。如果用户授权查询所有的历史征信信息记录后，且链上的信息具有可信价值，那么历史数据越详细，征信的数据就越可信，信用的价值就越高。当这些详细的历史数据不但有清晰的历史记录，同时还能够具有良好的业务逻辑关系，那么通过大数据或者人工智能手段就可以很容易地实现对用户信用的评判。

（3）提高征信数据造假成本

在征信领域，最难解决的就是对信用数据造假的问题以及信用数据更新的问题。其主要原因是征信的数据源分散在不同的数据机构中，而各个数据机构之间无法实现信息的互联互通，由此，无法对用户进行数据画像或者数据画像不准确。如果通过区块链技术，能够连接越来越多的信用评级机构或者是金融机构，各机构之间采用统一的数据格式在区块链网络上对数据进行交换和处理，并且在每次处理动作后都进行签名验证，即对自己的行为签名负责。那么，所有链上的信用数据就会非常可靠，而在链上写入假数据的个人或者机构就会被其他参与机构识别并受到一定的惩罚。在这样的情况下，能够形成一个良好的征信生态系统，各个机构方维护整个征信的规则并从中受益，从而使征信业务得以高效地开展。

5. 如何在非银金融征信领域应用区块链

根据区块链技术的优势和不足，在应用区块链技术时，要发挥区块链的技术特点和优势，规避其技术上的缺陷，从而扬长避短，这样才能充分发挥区块链技术的作用。因此，结合区块链技术的独特性，在应用上应该遵从以下几点原则。

（1）高频交易不适合区块链使用

区块链技术由于采用的是分布式架构设计，在性能上不如中心化单一架构。类似于"双十一""抢火车票"这样的应用场景，存在着交易的标的资源的短缺，对操作响应时间要求严苛的场景是不适合的。而单从技术角度来看，这样的场景根本不适合去中心化的架构，中心化的处理模式更为妥当。

(2) 写入的数据格式

目前，区块链存储的数据一般都是文本或者 json 等数据类型。由于区块链在数据存储中有冗余的设计，因此，类似于视频、音频、图片格式的数据都不适合记录到区块链网络当中。另外，交易的数据集也不能过大，最好一个交易周期内数据大小控制在 KB 范围，这样才能够保证交易的快速验证和存储。

(3) 多方参与的场景

应用区块链技术，一般都是在多方参与的应用场景中。如果只是有一方作为参与方去建设和使用系统，就没有必要采用区块链技术。因为，应用区块链技术是为了解决信任、共享信任的，是为了在多方机构之间形成互信的共识机制，从而减低多方之间的取信成本。如果仅仅只有一个机构，或者说机构之间没有对信任的诉求，则采用区块链技术的意义不大。

(4) 参与各方相互地位平等

在多方参与的基础上，参与的各个机构之间在逻辑上是相互平等的地位。正是因为各方的地位是相互平等的，才存在彼此之间需要进行取信，而取信的过程就是成本增加的过程。以往是采用一个第三方机构来增加参与方之间的信任，而这种方式需要人为的干预和维护，无形中增加了彼此之间的互信成本。那么区块链技术的价值就在于，能够通过技术手段，降低第三方机构增信的成本，或者是完全舍弃第三方机构，通过一定的制度约束和技术约束就能够实现平等机构之间的互信。

应用区块链技术完善征信业务可以从以下几方面应用。

(1) 参与机构的构建

在选择区块链参与机构时要秉承参与各方具有平等地位的原则。这是区块链技术能够具有增加信任以及能够做到价值传递的基础和前提。如果参与各方存在某些超级机构或权威机构，则信任的形成机制不完全由区块链技术保障。同时，各参与机构应该是该领域或者业务相关机构，应该形成整个业务链条的多个机构或者行业协会、监管部门。通过这些机构部门形成区块链的节点，共同维护链上数据记录，从而保证区块链上记录的数据更具公信力。

(2) 征信数据的采集过程

在征信数据的采集方面，由于区块链本身具有数据冗余备份的特点，从技术角度其具有数据冗余的不足。但从业务层面，其天生就具有数据多方存储，信用记录无法被篡改的性质。因此，征信的数据需要尽可能精简地写入区块链，要提炼关键要素信息并以文本格式或者json格式的数据存储到区块链上。当不得不需要存储完整的征信数据时，则可以将征信数据以图片、PDF等格式文件的哈希值记录到区块链中，并同时记录原始文件的保存路径。这样，由于记录到区块链上的哈希值无法被篡改，就可以做到通过到原始文件保存的地方获取征信数据，并由区块链上记录的哈希值进行校验，从而保证数据的完整性和一致性。

(3) 征信数据的授权及验证

信用数据作为公众个人的隐私，理应得到法律的保护。因此，如何通过技术手段保护个人的信用隐私则格外重要。在往区块链上记录信用信息时，前期上链的数据应该需要信用主体参与并得到信用主体的认可及授权。即只有信用主体对涉及个人信用数据进行签名确认后才能够成功写入区块链，否则，无法完成信用数据上链操作。甚至在写入信用数据时，需要多方的签名才能写入成功，这里包括信用机构的签名、信用个人的签名以及其他相关方的签名。这样，就可以保证记录到区块链上的数据更加真实、可靠。在信用主体需要使用信用数据时，则可以通过自身保管的私钥数据授权其他机构查看自己的信用数据，从而达到既保护用户的信用数据的隐私又做到信用数据合法利用的目的。

(4)征信数据的共享

随着非银金融业务的不断扩展，各个领域的信用数据的积累会不断增多，因此如何实现各垂直领域征信数据的共享和交叉验证，对各家机构实现对个人用户精准画像就格外重要。在构建以区块链为技术架构的征信体系中，前期可在某垂直业务领域形成征信区块链网络，后续可以将不同领域的征信区块链网络再连接成一个区块链，形成更高一层的区块链网络，这样就能够实现不同领域的征信数据以及信用信息的互通和共享。比如，针对汽车消费金融、小额贷款、消费贷款都分别建立区块链征信网络，那么在这三个网络之间，再连接成一个更大的征信区块链网络，从而形成一个更加广泛的征信体系，对用户的信用评估则更清晰、更准确。

6. 在征信领域应用区块链的意义

区块链作为一项新的技术，目前已经在多个领域开始应用，并发挥了一定的作用。由于区块链技术本身脱胎于具有金融属性的业务领域，在金融领域，信用和价值都具有举足轻重的作用。因此，将金融领域的征信和区块链技术结合具有天生的契合。如何将金融业务参与方之间的信用及价值通过区块链技术进行映射和传递，并且在这个过程中又能保证各方的隐私以及信息共享，则是应用区块链技术在该领域的意义所在。如果能够解决金融领域的一部分征信问题，则对整个金融体系的业务形态和监管方式都会产生重大而深远的影响，同时也会大大提高整个金融业务服务的效率，降低金融服务的成本。

目前，在非银金融业务已经形成自有独特的生态体系的情况下，应用区块链技术可以解决一部分非银金融业务发展过程中存在的问题。尤其是在非银业务征信领域，整个已有生态场景存在的情况与区块链技术的特点有一定的吻合，可以发挥区块链技术的特点和优势。

首先，各种非银金融业务机构往往都是基于互联网的业务，在信息化方面已有一定的基础。采用传统的监管模式很难适应该类业务场景，可能既管不好，又破坏已有的金融业务生态。

其次，已有的非银金融业务机构有对征信数据共享的需求。在现今以互联网为基础的世界中，没有任何一个机构能够包罗所有的用户行为信息和信用信息。如果能够通过技术手段间接共享彼此之间的信用信息，这样将大大节省各行业机构征信的成本，提高整体业务拓展的效率。而区块链技术使这种愿景成为可能，其点对点的交互方式天生就适合多方参与、多方共识的生态，与现有的非银金融业务业态比较吻合。

再次，对于信用数据，目前信用主体自身消费者无法把控，个人数据及个人信用无法得到充分的价值体现。我们希望信用好的用户能够得到更广泛的金融支持，信用差的用户能够很快地暴露给金融机构，既提高金融服务效率，又降低金融风险。拥有良好信用记录的用户可以把控、利用自身的信用数据，使自己的信用记录真正地为己所用。

最后，由于区块链中节点的数据具有全量实时保存的特点，这样给监管机构提供了有力的监管工具。监管部门可以作为一个监管节点，实时监控征信数据，并对数据进行分析和处理，真正做到防范风险，提前预警的目的，并且对事后追责也会有依据可寻。

按目前的应用情况，主要分为：公有链、私有链、联盟链。公有链主要以比特币为代表的应用，其特点是数据完全公开，去中心化，且不受任何机构控制。私有链是指某个部门或机构内部建立的区块链系统，其写入权限仅由该机构控制。联盟链是指由若干个机构共同参与管理的区块链，每个机构都运行着一个或多个节点。联盟链可视为"多中心化"，公众可以查阅链上信息，但无权参与验证链上交易信息，只有获得许可的机构才能加入联盟链网络中。因此，联盟链一般也被称为许可链。目前，在区块链的应用中，以联盟链的方式是最为普遍的，也是最适合与已有业务结合的一种区块链架构模式。

7. 联盟链征信体系架构设计

在非银金融征信业务中，采用联盟链的组网方式，既能体现区块链公平、公开、透明的技术特点，同时也可以对加入各参与机构进行审核，使其具备该联盟链的业务属性和要求。

根据调研发现，在非银金融业务中，主要以消费金融、小额贷款、汽车消费金融、P2P平台、保理、融资租赁等形式，我们可以以某一类或者某几类业务相似的机构形成一个联盟链，相互之间将征信数据记录到区块链上进行共享。

在节点的设计和安排上，可以以行业协会、相关业务的主要非银金融机构、监管部门、运营主体为主要参与共识的区块链节点，因为这些机构更具有公信力。为了提高联盟链共识效率，这些节点具有一定更高级别的权限，能够参与整个区块链网络的共识，对数据交换具有投票权。而其他的非银金融机构可以作为同步节点参与到联盟链来，这些节点能够实时同步区块链网络中的数据，但其节点不具有参与共识权限。当然，具体的权限可以根据运营的情况动态安排，可以对业务上贡献度大的、公信力强的机构参与共识节点的机会，使整个生态朝着正向良性方向发展。其他小的非银金融机构，可以以机构用户的形式参与到区块链中来。它们虽然不是共识节点和同步节点，但其同样具备贡献分享信用数据的能力，并可据此获取或者交换一定的信用数据。

通过两种不同节点的设计，使不同的节点具有不同的业务权限能力。共识节点具有记账的能力，同步节点（非共识节点）具有数据同步能力，仅能提交数据和查询数据。因此，在整个区块链网络中，共识节点具有可支配作用，对整个网络数据的共识和分发具有核心作用。一般可以将核心的角色、监管机构、主要业务发起单位作为共识节点加入区块链网络中。另外，根据运营情况，可在一定周期内，经过线下商讨或者投票重新选举新的共识节点或剔除原有共识节点，从而保证整个生态公平、公正、公开。

在区块链底层技术里，所有的账户包括节点的账户都是由区块链地址来唯一标识，通过 CA 等技术可以将区块链地址与 CA 分发的公私钥进行唯一映射绑定。这样，就可以根据不同的业务需求，赋予不同的区块链地址具有不同的业务权限。从而实现不同的角色具有不同的能力，如某些链上数据只能公开给特定的用户或用户群体，而没有被授权的个人用户或者机构用户则无法解密链上的数据。

对于机构用户，其各种业务具有多元化、多样化的特点。可根据不同的业务类型或者风险范围，将不同的机构划分成不同的用户群组，从而赋予不同的风险防控范围和不同的密级权限，从而实现对不同风险业务的有效管控。例如，在开展高风险、高收益的金融业务中，就需要获取更多更详细的征信数据，因此就可能需要更高的密级权限获取征信数据或验证征信数据。而在开展相对低风险、低收益的金融业务时，就没有必要获取那么详细的用户征信数据，因此也就不必授权高级别的权限。这样，能够使各种金融产品或业务具有不同的监管级别，从而做到监管有效且不干扰正常业务的开展，提高业务的效率。

整个联盟链节点可由两部分组成，一部分是非银业务机构同行业组成的区块链网络，另一部分是在此之上，由若干垂直征信业务组成的区块链网络。这样组成的好处是各个垂直子链可以根据自身垂直业务特点对征信数据进行采集和共享。各个垂直业务之间，又可以共享征信数据，同时，监管机构也可以实时地去监控数据，做到及时有效监管。

在整个区块链征信网络体系中，各个参与机构具有不同的权限能力。信息服务方以及信息提供机构、信息使用机构有对征信数据的写入和读取的权限，甚至在获取信息主体的信用数据时，是需要信息主体的授权才能完成。征信机构以及监管部门，有对所有数据管理和查看的权限。并且，根据不同角色的职责和分工，可使用具有不同功能和权限的智能合约，用以实现征信业务功能。

在系统建设方面，初期可以仅以某个垂直行业领域构建区块链征信网络，随着各个不同征信场景子链的建设，在时机以及业务成熟后，共同构建关于整个非银金融业务的征信区块链网络，从而形成更加全面共享的征信信息网络体系。

考虑到区块链数据备份冗余度高，整个征信数据量大的情况，对具体上链数据内容需要重点考量。上链的方式和方法有以下几点。

(1) 关键标识信息上链

该信息能够唯一标识某用户的信息，以及能够描述用户的某些关键信息。如：个人身份识别码信息、用户唯一 ID 标识、业务里面重点关键信息、查询详细信息的索引信息。该关键标识可以由某权威机构进行管理和分发，并与区块链地址唯一映射关联。通过链上的关键标识信息，能够找到对应用户的征信信息或数据，关键标识由所有区块链网络节点共同存储维护，并由共识节点确认并达成共识写入区块链网络。

(2) 敏感信息不上链或加密上链

对于涉及用户隐私或敏感的信息不建议写入区块链，或者以加密的形式写入区块链，由具有特定权限的用户、机构或者得到授权的机构能够获取密钥解密信息。该部分信息涉及业务的一些关键信息，如：用户的信用信息、失信信息、严重失信行为等。这些信息涉及用户隐私，但又与对用户征信及其相关，不应完全公开，而是应该由特定机构或用户授权查看。监管机构可具有更高的权限，能够对信息进行解密获取解密后的信息。

(3) 完整信用信息哈希值上链

对于用户征信数据，有些信息无法用文本数据进行描述或者展示，因此，可以将用户完整的征信信息的哈希值写入区块链，并将源数据的存储路径记录、访问方式记录到区块链上。这样，在得到授权访问完整信用信息时，就可以通过哈希值进行比对，确保得到的征信信息完整无误。另外，每次对征信数据的访问动作，都可以记录到区块链上，作为行为记录，并不可篡改。

具体的上线数据还需要结合征信业务，根据不同业务风险情况以及收益情况，对需要写入区块链的数据进行数据格式的规范和定义，使相关业务的参与机构能够通过规范的数据格式，实现征信数据的打通和共享。同时，对数据格式的规范也要满足监管部门的要求，具备随时取证的能力。

(1) 垂直行业内可根据行业特点共享征信模板数据

在非银金融领域，各个垂直业务的业务形态不同，这就要求根据不同业务场景，采用不同征信模型作为风控依据。不存在统一的一个征信模型能够实现所有的业务场景的风控。例如，个人消费金融领域，更关注信用主体的还款意愿；在汽车消费金融领域，则更关注还款能力的评估。因此，针对不同的非银金融领域，应该在各自的垂直领域构建具有一定共识的征信数据模型，并能够在行业领域形成共享的征信模型和数据信息。

那么在通过区块链构建的征信网络中，可以将具有一定共识的征信模型作为信息传递的载体，由各参与机构结合自身积累的数据通过模型进行处理，最后将模型运算的结果输出，并记录到区块链上。区块链能够将所有历史数据记录下来，并作为重要的参考依据。

(2) 行业间根据业务需求可形成参考征信数据并共享

在非银金融领域跨垂直业务之间，有时需要从不同的维度获取信用主体的信用信息。这时，可通过跨垂直业务领域之间构建的区块链网络实现征信信息的共享和获取。例如，在个人消费金融领域风控过程中，希望了解该信用主体目前是否具有还款能力的风险。此时，就可能需要获取在其他领域该信用主体的信用情况，那么，通过跨垂直领域的区块链网络，可向某一领域询问该信用主体的还款能力，或者反馈一个该信用主体所具备的还款能力的评估结果。

这样，如果能在非银金融业务领域中的各个业务场景都实现了各自的垂直征信区块链网络，并且可以实现跨领域互联，那么对于各个子领域之间对信用主体的风险评估就更加准确，从而降低相关金融机构的运营风险。

原生区块链技术本身不具备权限管理功能，其访问方式完全依赖密码学，由用户自己保存密钥并承担密钥丢失风险。但如果落实到具体应用中，对用户非常不友好，难以商用。因此，区块链账户里增加权限的属性，这样可以针对特定链上操作进行权限控制，只有用户具备高于操作权限值时，才能允许操作，否则操作失败。

在权限管理方面，还可以对接权限管理应用系统，或者与 CA 认证机构对接，将区块链地址与 CA 认证机构颁发的 key 进行一一绑定。这样，所有用户的权限都要经过 CA 机构的授权，从而实现权限控制管理以及链上操作的控制。根据不同的机构角色可以设置不同的业务权限和区块链访问权限，并且可以防止用户自身操作不当丢失区块链私钥，帮助用户管理维护其信用信息。

监管机构可以作为 CA 机构中的高级用户，具有高级权限，能够对一般用户行使管理权限。区块链网络中的共识节点也可以拥有较高级的权限、用户管理和维护整个网络。

在这里，用户可以通过应用系统查看或授权查看自己的信用数据信息，这样，使最终用户能够参与到个人信用信息的采集和维护中，从而有效地保证个人信用信息的真实可靠，使用户对自身信用数据的使用更具有知情权。

对于 B 端机构用户，在对用户进行征信信息采集时，也可通过技术手段通知到 C 端用户，使 C 端用户能够感知自身信用信息被查看和应用。对于不实信用数据录入和写入，C 端用户能够快速感知，并采取一定的措施进行补救和更正。

通过这样的授权机制，可以有效防止用户信用信息的滥用，信用信息的共享以及使用必须由信用主体授权才能使用，否则无法从该系统中获取信用主体的信用信息。信用主体的授权是通过在区块链上的私钥实现的，因此，用户的私钥要保存好，不应随意泄漏。当然，也可以通过第三方专门的机构提供私钥保管服务。但这里需要强调的是，信用主体理应重视自身信用信息的安全，如同重视个人资产安全一样重视个人信用。

8. 总结

由于种种原因，我国信用系统建设一直不够完善，信用信息的缺失以及信用数据的滥用一直都是行业内的痛点和难点。在商业银行体系，由央行成立的征信中心能够解决一部分人信用数据的积累和查询问题，给商业银行基于信用开展业务提供了一定的条件。然而，在更广泛的人群里，他们在央行征信体系不具有信用数据，同时，又需要获取一定的金融服务和支持。在这种情况下，就存在着金融服务的空白市场，并随着近几年互联网金融的发展，得到快速扩张和普及。随着这些金融业务的开展，也存在着各种各样的问题，如何保障用户信用数据信息的安全及隐私，如何准确评估个人的信用风险，如何通过技术手段构建一个多中心化的信息系统，能为整个相关信用行业服务，就成为了行业内普遍关注的问题。

区块链技术天生具有的一些属性与征信的业务有一定关联，在征信业务与区块链技术之间如何能够探寻出一条技术路径，能够帮助解决征信业务上的一些问题，那么区块链技术就有可能取得更大的突破。目前，在征信领域，相关的机构、组织、企业都在尝试将区块链技术应用到征信业务当中，从而实现风险控制能力并拓展更多的产品及消费人群。

第 9 章
区块链应用发展方向——5G 的应用

1. 5G 的概念

5G,即第五代移动通信系统(5th generation mobile networks 或 5th generation wireless systems),是面向新一代信息社会服务的无线通信系统,其概念最开始是在 2001 年由日本 NTT 公司提出,而我国的 5G 概念是在 2012 年 8 月中国国际通信大会上首次被提及。5G 技术从被正式提出后,吸引了许多企业如通信设备商、器件供应商、科技公司等的关注和投入。而对于 5G 标准的制定,整个业界也是一直争论不休,一直到 2018 年 6 月 13 日,第一个国际 5G 标准在圣地亚哥 3GPP 会议上才正式确定下来。

作为新一代的移动通信技术,5G 被认为是 4G 的延伸,但在移动带宽、数据传输的时延、数据传输的可靠性、安全性、海量连接等方面都有巨大的提升,具体表现为

- 能够以 10 Gbit/s 的数据传输速率支持数万用户;

- 能够以 1 Gbit/s 的数据传输速率同时提供给在同一楼办公的许多人员;

- 能够支持数十万的并发连接以用于支持大规模传感器网络的部署；

- 频谱效率应当相比 4G 被显著增强；

- 覆盖率比 4G 有所提高；

- 信令效率应得到加强；

- 延迟应显著低于 LTE。

5G 技术通过提供更高的数据传输效率、更广的服务规模、更低的通信延迟，将迎来爆炸性的移动数据流量增长和海量的设备连接。更重要的是，5G 技术为不断涌现的各类新业务和应用场景提供技术支撑，如物联网、车联网、工业、大数据和广播类服务等，以及在发生自然灾害时的生命线通信等，移动通信技术也因此实现了从个人业务应用向行业业务应用的转变。

2. 5G 关键技术

根据 IMT-2020（5G）推进组发布的《5G 概念白皮书》中的定义，5G 的关键技术包括大规模天线阵列、超密集组网、新型多址、全频谱接入和新型网络架构。

其中关键技术包括以下几点。

关键技术 1：大规模天线阵列

大规模天线阵列是实现频谱效率提升数十倍甚至更高的突破口，是目前 5G 技术重要的研究方向之一。其基本原理为：当基站侧天线数远大于用户天线数时，基站到各个用户的信道将趋于正交，在这种情况下，用户间干扰将趋于消失。巨大的阵列增益将能够有效提升每个用户的信噪比，从而可以利用空分多址（SDMA）技术，在同一时频资源上服务多个用户。大规模天线阵列可提升网络容量、减少单位成本和延时，但由于需要大面积部署，成本投入较大，占用空间也较大。

关键技术 2：超密集组网

超密集组网即通过增加基站部署密度，以提升频率复用效率。据保守估计，超密集组网可在局部热点区域实现百倍量级的容量提升。但由于高密集的网络部署会使得网络拓扑更加复杂，小区间干扰会制约系统容量增长。目前密集网络方面的研究热点集中在干扰消除、小区快速发现、密集小区间协作、基于终端能力提升的移动性增强方案等方面。

关键技术 3：新型多址

新型多址技术即通过发送的信号在空/时/频/码域的叠加传输，来实现多种场景下系统频谱效率和接入能力的显著提升。该技术可实现免调度传输，显著降低信令开销，缩短接入时延，节省终端功耗。新型多址技术是 5G 重要的潜在无线关键技术，目前业界正在积极开发新型多址技术方案。

关键技术 4：全频谱接入

增加频谱带宽是提高容量、速度最简单直接的办法。在频谱利用率不变的情况下，可用带宽翻倍实现数据传输速率的翻倍。目前，几乎所有的通信都 6 GHz 以下频段（低频段，该频段信道传播特性极好），该频段已经非常拥挤。全频谱接入技术通过有效利用各类移动通信频谱资源，特别是接入高频段频谱资源来提升数据传输速率和系统容量。

关键技术 5：新型网络架构

未来 5G 网络架构将包括接入云、控制云和转发云三个领域。其中，接入云支持多种无线制式的接入，融合集中式和分布式两种无线接入网架构；控制云实现局部和全局的会话控制、移动性管理和服务质量保证，并构建面向业务的网络能力开放接口；转发云基于通用的硬件平台，在控制云高效的网络控制和资源调度下，实现海量业务数据流的高可靠、低时延、均负载的高效传输。

3. 5G 的特性

5G 技术可以从两个方面来观察其具有的特点：通信技术层面和设备部署层面。

一是通信技术方面。由于扩展新的频谱范围、应用天线阵列技术等，采用更先进的算法和运算方式，配合新的架构和协议，对信号进行波形后处理，5G 技术可承载更多信息，具备更高的数据传输速率（即高速率），对信号进行处理的所需时间更短（即低延时），同时也提升了多路传输能力，能够接入更多用户（即海量接入）。总结起来即：高速率、低延时、海量接入。

二是设备部署方面。首先是微基站全面铺开。由于 5G 技术使用较高的无线频率，其信号在传播过程中衰减较大，也就是信号覆盖范围大大减弱。为此，5G 时代将不再采取以往一个基站负责一个大片区的形式，而采用多个微基站全面铺开的方式，微基站或将在多种多样的室内空间中进行安装。其次是布设毫米级天线，随着 5G 技术的使用，无线信号的频率升高、波长变小，随之天线设备的长度也将变小，其尺度为毫米级；而设备可通过布设天线阵列，增强信号收发功能，因此在 5G 时代，设备天线都应是微型而集约的。最后是 D2D（Device to Device）通信。在 5G 时代，同一基站下的两个用户，可以在设备间相互通信，不需经过基站的转发。由此一来，更多空中资源被节省，基站的压力也大大减轻。而设备与设备之间的海量数据通信，使打造一个更精细、更全面的物联网成为可能。

4. 区块链＋5G

区块链作为一种分布式系统（或称一种"分布式账本"），具备 P2P 网络构架，网络上记录的信息，具有不可篡改的特点，因而在政府信息共享、供应链、溯源、医疗等领域具备很大的发展空间。然而，目前区块链在上述领域的应用都还处于初期阶段，依然没有形成产业规模效应。在区块链与具体的物联网技术结合时,需要部署一定规模的物联网设备以及传感器设备来搜集采集链下数据。在现阶段,物联网设备的接入、部署成本仍然较高,限制了区块链行业在细分行业的应用空间。另外,对于工业、无人机、智慧城市等需要物联网大规模广泛的应用场景来说,受限于缺乏统一的技术标准和执行方案以及因物联网设备数量巨大,个体组件结构简单,存在容易被破解、篡改和窃密等信息安全问题而未普及落地。

▶ **区块链+5G 应用场景可行性分析**

在具体的应用场景上,5G 技术与区块链技术拥有各自的优势和劣势。5G 技术的优势在于数据信息传输的速率高、网络覆盖广、通信延时低,并允许海量设备接入,其愿景是实现万物互联,构建数字化的社会经济体系,但作为 4G 技术的延伸,5G 技术依然未能完全打破 4G 技术所遇到的瓶颈,如隐私信息安全、虚拟知识产权保护、虚拟交易信任缺失等。区块链技术旨在打破当前依赖中心机构信任背书的交易模式,用密码学的手段为交易去中心化、交易信息隐私保护、历史记录防篡改、可追溯等提供的技术支持,其缺点是对底层数据交换频繁、延时高、交易确认速率慢、网络节点的部署和回收效率低下。

因此,5G 未来作为网络设备的基础设施,也很有可能成为区块链底层通信的基础设施,通过 5G 技术发挥其基础作用,从而提高区块链底层通信能力,最终实现提升区块链的技术能力。同时,在 5G 应用里,能够结合区块链技术,在隐私信息安全、分布式交易确认等方面,可以实现不依赖某个单一机构的信任传递模式,给机器与机器之间建立起可信的通信信道,使更大规模的物联网应用创造良好的网络环境。

5G 技术作为通信基础设施未来能够促进区块链应用项目的落地,以下将列举 5G 技术与区块链应用的结合,并对场景的特征、优势进行描述。

1）物联网

5G 技术能够给物联网带来更广的覆盖，更稳定的授权频段，更统一的标准，这将对物联网和区块链的发展提供有力的支持。具体可以结合的特性如下所述。

(1) 点对点网络

作为一种分布式网络系统，区块链技术所采用的通信方式是一种 P2P 的网络架构。而基于 5G 的物联网技术，其通信的特点是希望实现设备与设备之间的直接互联互通。因此，两者之间具有相同的架构模式，区块链可为物联网设备提供可信的通信模式解决方案。

(2) 低时延

5G 技术带来的高数据传输速率，配合新一代网络架构等，可使得设备间实现高响应速度，扩展了物联网技术应用的范围。区块链技术在进行数据的读取写入过程中，需要对数据以及交易信息进行扩散、确认等步骤。如果能够实现区块链技术低时延，则将大大提高区块链的性能和吞吐效率，从而实现支持更广泛的应用场景。

(3) 安全性

目前，很多物联网技术还需要一个中心化的服务器来对物联网中的设备进行管理，这样就存在着中心化管理系统被攻击的风险。这对于整个物联网系统的鲁棒性来说，是重大的挑战。由于物联网设备的数量庞大，管理复杂，以往有很多物联网系统被攻破，从而导致大规模安全事件的发生。区块链技术以其独特的共识机制作为保障，可以使整个网络中的节点具备一定的抗攻击能力，在没有达成网络共识前，攻击者很难掌控被攻击的网络，从而保证物联网网络的安全。

2）云端大数据与人工智能

（1）云端传输

目前手机等移动终端设备的能力在不断提升，但与日益快速发展的各种应用相比，终端的能力依然是数据存储计算的瓶颈。当 5G 技术全面推广应用后，移动设备终端的数据可快速甚至无感地存储到云端设备，通过云端计算并把运算结果反馈给终端设备。当整个数据传输通道具备相应的能力后，所有的图片信息、视频音频信息都将会在云端保存和计算，而不依赖于移动终端。届时，所有应用的用户体现将大大增强，且不依赖于终端设备的能力。

（2）数据运营

在云端数据计算和存储的基础之上，结合区块链技术中的零知识证明以及同态加密等技术，可实现云端数据的可信计算以存储，并且能够实现基于用户授权的数据使用。这样，就能够充分保证用户数据的使用是在用户授权的基础之上，从而在保护用户的隐私的同时，使数据交易和使用更加方便。而作为人工智能技术所需要的关键模型数据，可实现在线授权的数据模型训练，从而在数据的使用方、输出方搭建起良性的互动，从而实现即保证用户隐私又能够提供更好的用户服务。

3）车联网、无人驾驶

（1）低时延

以车联网、无人驾驶等应用的技术一直都是行业研究的热点，但由于网络延时以及容量等问题，一直都无法达到商用的要求。而 5G 的低延时和大规模接入能力，有望实现这些技术从研究到商用的突破。

（2）分布式网络

5G 技术允许设备与设备之间进行通信，形成 D2D（Device to Device）网络；而区块链技术同样为分布式网络提供一种解决方案。5G 技术与区块链技术在车联网等领域的应用，将使这些分布式网络中的设备协作成为可能。

(3) 信息透明

在区块链上，若设备均处于同一主链，主链上可根据权限共享全部或一部分信息，使得车辆协作等所获取的信息更完整，体系更智能，减少信息公示不透明、信息发布滞后等情况。

(4) 信息溯源

区块链技术具备不可篡改的特点，在网络结构日益复杂的情况下，网络节点间的所有指令、行为等信息均将保留存档凭证，有利于解决纠纷以及在需要的情况下对事件进行复盘与追责。

区块链技术与人工智能、物联网、5G 技术融合，有望推动智慧城市、数字社会、数字经济、资产数字化等各个领域的发展。通过这些技术的融合，能够对现有的物理资产进行链上确权，并通过区块链技术实现快速地交易和验证，从而实现数据信息等概念性资产与实体资产的对接融合并自由流转和交易。在以 5G 技术为基础的物联网，能够突破原有设备与设备之间的通信瓶颈，从根本上实现点到点，端到端的通信。再结合区块链技术的理念，可以广泛应用到具有物联网传感器设备的应用中，包括：物流监控、农业遥感、自动化生产及管理等领域，实现生产效率大大地提升，并节省人工成本，提供系统的安全性。在此基础之上，通过人工智能技术对设备间的通信数据进行采集和运算，更能够高效地实现人与人、人与物、物与物之间的高效协同，在新的环境下，由数据采集到数据感知，由数据管理转变到数据治理，并能够对数据态势进行感知和预警，从而实现整个社会的高效治理。

5. 总结及未来展望

1) 总结

5G 技术的应用带来不仅与之相关的产业链集群如通信设备供应、技术研发与转化、运营商以及其终端应用等的繁荣，还带动以信息技术为基础的一系列应用场景的突破与发展。其中，5G 技术为加速区块链应用落地提供了新的动力和保障。

作为一种前沿的通信技术，5G 可视为通信系统的基础设施。而区块链技术本质上是一个分布式系统解决方案，是通信系统的一种应用方向。在 5G 落地后，可使硬件端到端之间的网络通信速率大幅提升，在保持网络去中心化的同时，实现更快地交易处理速度，比如加速手机端数字货币钱包下达指令和上传信息数据的速度。另外，5G 技术从设计上是为应对大规模物联网需求所服务的，区块链与物联网技术的结合应用使得构建大规模物联网的成本被"分摊"，从而区块链在供应链等领域的应用也得以迅速落地。

2）未来展望

在具体的应用场景上，5G 技术可以加速区块链应用落地，区块链技术也会给 5G 应用带来新的思路。首先，在物联网领域，5G 的万物互联可以实现实时并快速地传输硬件数据，区块链技术同时能为物联网中的设备与设备间大规模协作提供去中心化的解决思路。

无论是是车联网、智能家居还是智慧城市，5G 可以加速端与端之间的链接，从而推动大规模应用的落地，但关键是要思考"硬件是否有通过区块链技术进行分布式链接的需求"，难点在于物联网设备多样性所带来的计算性能、网络性能和开发平台上区块链协议实现的不同。对于需要传输大流量视频、图片数据的应用场景来说，比如 VR/AR、游戏等娱乐领域，5G 的 eMBB 带来的高速传输的特性可以支撑需要大流量视频、图片数据传输的应用场景的落地。

区块链为 5G 提供基础服务是结合的新思路。通过区块链智能合约的方式变现用户的闲置流量，帮助运营商广泛建立 5G 相关基础设施，推动 5G 的快速落地和发展。区块链技术未来真正的落地与 5G 技术的发展息息相关，也更考验对服务商资源的把控能力。

总体而言，5G 技术和区块链技术呈现出相辅相成的关系，5G 技术为实现高效率的数字化经济提供支撑，而区块链技术为数字化经济提供安全和信任保障。